実伝・坂本龍馬

——結局、龍馬は何をしたのか

山本栄一郎

Eiichiro YAMAMOTO

本の泉社

◎はじめに

平成の現代、坂本龍馬（天保六年一八三五―慶応三年一八六七）という人物は、幕末史において巨大な存在と思われている。人気が高く、龍馬関係の本は次から次へ量産されている。

これは、昭和の大衆作家司馬遼太郎（大正十二年一九二三―平成八年一九九六）の名作『竜馬がゆく』に感銘を受けた読者が書く側にまわり、次世代のファンのために司馬史観による龍馬像を伝えるという連鎖が続いているからである。ファンの手による新史料の発掘は相次ぎ、龍馬研究は民間ファンの情熱によって飛躍的に進化した。まさに庶民が生んだ英雄といえる。

だが、私が読んだ範囲内で正直に言わせてもらうと、たしかに新史料の発掘は多いが、龍馬その人に関する記述は、さほど変化がない。龍馬は、土佐藩を脱藩したため公的史料が乏しく、知名度とは裏腹にその履歴には不明な箇所が多く、解釈によってはさまざまな龍馬像が提出されてもよさそうなのだが、意外にそういうものは見当たらない。それは研究し尽されて、もうこれ以上新しい解釈が出ない――というのではなく、書き手側の姿勢に原因があると思う。

歴史研究とは、「はじめに史料ありき」のはずだが、龍馬の場合は「はじめに龍馬ありき」なのだ。歴史研究者は、ときに「自説に史料を適わせる」という過ちを犯す。伝記などは、本来対象人物の顕彰を目的とするため、意識的にそれをやる。龍馬の場合、それがはなはだしい。最初から不動の龍馬像が確立しているのだから、いくら新史料を集めたところで、新しい龍馬像が捻出される余地がないのである。

それはファンの理想の龍馬像であり実像ではないが、似たような記述が大量に繰り返されていくと、それは「通説」となり、ついには「定説」となる。結果、後世には実在した人物とかけ離れた虚像が伝えられていくことになるが、すでに現時点で坂本龍馬は、演劇上の人物の範疇に属しているように思う。

その龍馬神話の三種の神器が、「薩長同盟」「海援隊」「大政奉還」である。一介の浪人という身で、仇敵の関係だった薩摩藩と長州藩を和解提携させ、ついで七百年続いた幕府の幕引きの仕掛け人となり、自らは、

「わしは、世界の海援隊でもやらんかな」

と決め台詞を吐き、直後に暗殺という悲劇的な最期を遂げる——。

十分に劇的にすぎるが、龍馬は世間に登場した時点から、すでに虚像の人物だった。明治十六年に、はじめて民間に龍馬の名を知らしめた伝記は、『汗血千里駒』だが、これは当時、失速した自由民権運動の再生のため、自由党員の土佐人坂崎紫瀾が、人望を失った党首板垣退助（天保八年一八三七—大正八年一九一九）に代わる新しき土佐のカリスマを発掘した小説だった。その副題が

「天下無双之豪傑、坂本龍馬君之伝」というのだから、内容は、推して知るべしであろう。

しかしその後、『維新土佐勤王史』（瑞山会・大正元）『海援隊始末記』（平尾道雄・昭和四）など、土佐人による著作が神話を増幅し、『竜馬がゆく』に到り、全国区の人気を得ることになる。

ファンでなければ見えない視点もあるが、研究には一歩ひいて外側から冷静に見る手法もまた必要であろう。ファンとは異なる龍馬像を、龍馬研究の参考にしていただければ幸いである。


「凡例」

文中の（↑4）（↓20）等の表記は、その内容の登場項目を意味する。

目次

第一章　薩長同盟

1　土佐脱藩（文久二年三月）

○土佐藩事情

坂本龍馬は、文久二年（一八六二）三月二十四日に土佐藩を脱藩した。年齢二十八歳。慶応三年（一八六七）十一月十五日に京都近江屋で暗殺されるまで余命五年である。

人は、生地で生業を継ぎ、その生涯を過ごすというのが江戸時代の大基本で、所属藩を見限る脱藩という行為は、社会秩序を紊乱する大罪であるとされた。幕末、土佐藩では、ほかのどの藩よりも脱藩者が続出したが、それは土佐藩の成立事情があるとされる。

戦国期、土佐に長曾我部元親という傑物が出現し、四国全土を併呑する勢いがあったが、中央の豊臣秀吉に屈し、土佐一国のみを与えられた。その後嗣の盛親のとき、関ケ原の戦（慶長五年一六〇〇）で敗者側に属してしまい、何もかも失ってしまう。

新覇王徳川家康が派遣した土佐の新領主は、遠州（静岡県）掛川領主の山内一豊で、ここから土佐藩の武士階級は、上士（山内）と郷士（長曾我部残党）に大別され、以降二百年以上徹底した差別を行った。

幕末、惨めな現状打破を願う郷士たちは藩に抵抗し、理想を求めて脱藩した……というのが、一般的な幕末土佐藩事情として説明されるが、龍馬の場合は色合いが異なる。

龍馬は、経済的に不遇ではなかった。その数代前の先祖が「才谷屋」という質屋を興して成功し、郷士株を買って武士階級になったことはよく知られている。蓄財には抜け目のない家系なのだ。龍馬が生まれた時点の経済状況はわからないが、十九歳のときには、自腹で江戸に武芸修業に赴いているのだから、赤貧といわれた土佐郷士の中では、例外的な富裕層だったといえるだろう。その龍馬が、なぜ脱藩という非常手段に走ったのだろうか。

○「魔人」武市半平太から逃げる

幕末土佐藩には、藩主山内容堂の信任を得て、ほとんど独裁的権力を掌握した吉田東洋（元吉）という有能な参政がいたが、文久二年四月八日に高知城下で暗殺された。その暗殺指令者を、武市半平太（瑞山）という。

武市は、文久元年（一八六一）八月、江戸で天皇好きの思想集団「土佐勤王党」を旗揚げし、その首領として、土佐藩そしていずれは日本全土を自分の好む勤王思想一色に染め上げたいという妄想に執り憑かれた「魔人」だった。ここでいう「魔人」とは、自分のサークル内ではカリスマ的人気があるが、サークル外の敵に対しては冷酷で、どんな非道な行為も辞さないという悪魔的な人格の持ち主をいう。武市は、自分の妄想の実現の第一歩として、藩の要職者吉田東洋暗殺というテロを敢行したのである。

土佐勤王党は、最終的に百九十二名が参加したが、龍馬はその九番目に署名している。いわば「武市塾の第一期生」といっていいが、勤王党が上昇する契機となった吉田東洋暗殺の二週間前の三月二十四日に、龍馬は脱藩している。なぜか。

後年の事跡をみると、龍馬の関心は商業的なものに大きく、思想・政治好きの武市とは元来世界観がちがう。未熟な好奇心から勤王党に参加したものの、妄想に熱中し、暗殺計画に血道をあげる武市に失望し脱退した、と私は見る。

龍馬が、武市について語った後世に伝わるほとんど唯一の言葉は、

「アゴ（武市の風貌を揶揄したもの）は、あいかわらず窮屈なことばかり言うておるか」

というものである（『維新土佐勤王史』）。通説は、この言葉を、

「二人は遠慮なく、言い合える仲だった」

という意味の解説をしたがるのだが、文字通り龍馬は武市を、窮屈でつまらない人間と失望したと解釈することも可能であろう。

龍馬が、もし偉大な人物だとするならば、浮薄な流行に雷同せず、あえて勤王党の上昇期に、危

機感を感じて武市と決別したことを私は第一の理由にあげたい。

○異色の脱藩者──自分探しの旅

土佐藩は、龍馬以降脱藩者が続出したが、脱藩した土佐人のほとんどは長州藩を頼った。長州藩には、久坂玄瑞という武市と同類の「魔人」が存在し、幕府の施政に反対する者を同志として受け入れ、米銭の援助を与えて囲っていたからである。

龍馬も当初は長州を目指し、三月二十九日に三田尻（山口県防府市）に到着したが、その後の脱藩者のように長州藩に定住することはなかった。

当時の脱藩者は、生活の困窮から政治活動に入った者も多く、そういう手合は長州藩の保護下に入り、寝食の確保を得た時点で満足したが、富裕な家庭の五人兄姉（兄一人姉三人）の末っ子で、経済的な苦労をしたことのない龍馬は、ほかの脱藩者とは違ったようだ。

長州藩は龍馬にとって、到達点ではなく出発点だったといえる。とりあえず脱藩はしたものの、これから何をしようかという「自分探し」の旅に出たという印象がある。

当時の二十八歳といえば決して若いとはいえず、むしろいい年齢《トシ》といっていいが、そこが裕福な家庭に育った余裕なのであろう。

2　勝海舟の弟子になる（文久二年冬）

○勝海舟と龍馬

三田尻を去った後の龍馬の行程は明らかではないが、九か月後の文久二年十二月には、江戸赤坂氷川の幕臣勝麟太郎（海舟）の弟子になっていたことは確かである。

勝は、当時四十歳。軍艦奉行並という幕府海軍の要職にあった。龍馬が、「何のために」「いつ」勝を訪問したのかは実はわからないのだが、両者の初対面時の様子は、従来の龍馬本で書き尽くされていて有名である。いろいろアレンジされて書かれているが、明治二十四年（一八九一）に、勝本人が書いた記述は、次のようなものである。

「坂本氏、かつて剣客千葉周太郎（重太郎）を伴い、余を氷川の寓居に訪へり。時に半夜、余ために我が邦海軍の興起せざるべからざる所以を談じ娓々《びび》止まず。氏、大に会する所あるが如く、余に語りて曰く、

『今宵の事、ひそかに期する所あり。もし、公（勝）の説如何《いかん》によりては公を刺さんとしたり。今や公の説を聴き、大に余の固陋を恥ず。請う。これよりして公の門下生とならん』

と。爾来、氏、意を海軍に致す寧日（平穏無事な日）なし」（『追賛一話』）

みずからの固陋を恥じた――という龍馬の言葉だけに注目すると、未熟な龍馬をやりこめた老練な勝――という解釈になる。

だが私は、他者に対して常に辛口の小うるさい勝が、初対面の龍馬に「半夜」も時間を割いて語ったことに注目したい。勝は、龍馬に「語った」というより「語らされた」ように思えるのだ。

○大久保忠寛（一翁）と龍馬

龍馬は、ほかの場面でもこれと酷似した逸話がある。この翌年の文久三年（一八六三）三月に龍馬が、勝の友人大久保忠寛（一翁）を訪問したときの大久保の感想である。

この日、龍馬をふくむ勝門下の五人の浪士が、「意見を聞きたい」と、大久保邸に押しかけて来た。当時、開国主義者として、世間の攘夷派から憎まれていた大久保は、不意の訪問者に不安を覚えたが、五人のうち龍馬とほか一人（沢村惣之丞）を、「大道解すべき人」と思い、「話中に刺され候は覚悟」と腹をくくり、自身の信じる「公明正大の道」を説いたところ、二人は手を拍たんばかりに賛同したという（文久三年四月六日付・横井小楠あて書簡）。

勝も大久保も、龍馬より一回り以上年長（勝は十二歳、大久保は十八歳年上）で、人生経験豊富な知識人、かつ海千山千の幕府政界を泳いでいる曲者である。それが、田舎のポット出の無学な龍馬に、己の本音をさらけ出している。

両例を見ると、龍馬には相手を本気にさせるための殺気を漲らせつつ、どこか人を安心させる雰囲気を醸していたため、相手は思わず本音を吐いてしまったように思える。

○伊藤博文と龍馬

明治の初代宰相伊藤博文は、龍馬の六歳年下の同時代人で、龍馬に何度も会っている。百姓身分から苦労して身分上昇した伊藤は、八方美人と揶揄された人間通だったが、その伊藤も、龍馬については、「どこにいっても容れられる方の人間」と、その人柄の良さを称賛している（『維新風雲録』）。

これらの逸話・談話から考えると、坂本龍馬は、人の話をよく聞き、相手から本音を引き出す「引き出し上手」だったと言えそうである。「わしの話を聞け」という手合の多かった幕末、龍馬のような聞き上手は貴重で、同時代人の龍馬の人気はこの受身な姿勢にあったと思う。

ともあれ、人生の目標を探し求めていた二十八歳の龍馬は、勝に出会ったことで、ようやく自分の生涯のテーマを見つけることができた。「海」である。

もっとも、勝と龍馬の「海」は定義が異なる。幕府海軍の重責を担う勝は、海軍の充実をもって欧米に蹂躙されない日本を目指すという壮大なテーマをもっていた。だがそれは、当時の日本政府の役人である勝の仕事でもあったのだ。

一般市民の龍馬は、勝の壮大さを尊敬したであろうが、同時に（大変だなあ）と思ったのではないか。龍馬は、生涯「公的人物」としての責任を負ったことはない。龍馬の意見は、自由闊達と評されるが、無責任な立場だったのだから、何とでも言えるのは当然だったのだ。

龍馬にとっての「海」は、おそらく将来広く海外との海運業を夢見たという、ごく個人的なものであったであろう。

3　鹿児島に赴く（慶応元年五月）

○神戸海軍操練所

翌文久三年（一八六三）四月。勝が発案し、将軍徳川家茂に認めさせた海軍士官養成機関、「神戸海軍操練所」が発足すると、龍馬は同行して関西に赴く。

操練所が正式に発足したのは元治元年（一八六四）五月だが、練習生は「旗本御家人」「藩士」に制限されたため、浪人の龍馬は入門する資格がなかった。勝が同時期、個人的に開いた塾（神戸塾・勝塾などという）の塾頭を務めたともいうが、定かではない。

操練所は正式発足からわずか五ヵ月後の十月に、勝に江戸帰還命令が出される。勝が幕臣以外の者にも塾の門戸を開いたことで、幕府から反乱予備軍と疑惑されたことが主原因だった。操練所も閉鎖されることになり、龍馬は生活の拠点を失ってしまう。

龍馬は、この時期神戸に定住していたわけではなく、自活のためのさまざまな布石を打っていた。だが、その計画はたとえば、

「幕府船黒龍丸を借り受け、浪人を集めて蝦夷開拓を行う」

などと気宇壮大だが、身の丈にあっていないもので、空回りしていた感は否めない。

龍馬には、残念ながら本人が思うほどの商才はなかったと思う。人柄がよく、冷血さが足りない。たとえばこの時期、龍馬の周辺には彼を慕う土佐浪人が集まりつつあったが、龍馬は彼らを切り捨てることができず、リーダーとして、何とか彼らの食い扶持を見つけることにその精力を費やすのである。以降、龍馬が死ぬまでの五年間は、ほとんど彼らの生活のために奔走した日々という見方もできる。社員を解雇しない誠実な中小企業の社長、というイメージが一番近いだろうか。

○薩摩藩に雇用される

とりあえず、巨大スポンサーに一同丸抱えしてもらわないと生活が成り立たなくなってしまった。龍馬は、勝に紹介された薩摩藩士西郷吉之助に接近し、「幕府海軍奉行並《なみ》勝安房守弟子」という看板を強調し、薩摩藩で雇用してもらえないかと相談した。

薩摩藩は、七十七万石の日本第二の大藩である。前年、文久三年にイギリス艦隊の砲撃を受け、鹿児島城下を焼かれた（薩英戦争）経験から、海軍力の増強を急務としていた。

また西郷は、初対面（元治元年八月）で勝の知恵に心酔していたから、その弟子たちは薩摩藩に有用だと信じ、龍馬の申し出に乗った。

西郷は、龍馬たちを薩摩藩で雇用するよう、藩家老で海軍掛の小松帯刀に相談し、同意を得た。

「右辺浪人体の者をもって、航海の手先に使い候えば宜しかるべしと、西郷など在京中相談もいたしおき候」

と、小松の書簡にある（十一月二十六日付・大久保一蔵あて）。

こうして龍馬たちは、薩摩藩の海軍増強の「手先」として鹿児島に赴くことになり、西郷に同行して慶応元年（一八六五）五月一日に鹿児島に着いた。

○亀山社中創設に、龍馬は立ち会っていない

薩摩藩はこの年、計四隻の外国船を購入している。小松帯刀の構想では、薩摩藩海軍の拠点を長崎に置き、浪人たちに操船させるつもりだった。これがいわゆる後世のいう「亀山社中」である。

この「社中」という言葉は、団体・結社の仲間あるいは同志という意味の普通名詞である。たとえば、これ以前の文久元年十月に、長州藩の吉田松陰門下生が「村塾社中」と名乗った文書があるように、特別な語彙ではない。

彼らもまた、自分たちの集団を「社中」と称したらしい。現代では、彼らが居を構えた地名「亀山」を被せて「亀山社中」と呼ぶのが通説化しているが、当時の史料にこの言葉は見られない。

龍馬年譜の類に、

「龍馬、慶応元年五月頃、長崎に亀山社中創設」

と書かれているのをよく見かけるが、二つの点で誤りである。

まず小松帯刀が、浪人連中を連れて長崎に出発したのは、六月二十六日のことであり五月ではない（『小松帯刀伝』坂田長愛）。

六月とすべきなのに五月とするのは、六月には、龍馬が鹿児島にも長崎にも不在だからである。だが、龍馬は実は五月にも長崎に赴いていない。龍馬は、鹿児島にわずか二週間滞在しただけで、五月十六日に単身長州藩下関へ向かっている。さらに、その後もこの慶応元年は、その後も一度も長崎に行っていないのである。

しかし、だれも指摘しないのは、「龍馬不在中に、社中は発足した」と認めるのが嫌なのであろう。それとも、単に気がつかないのだろうか。

私は、社中は「薩摩藩海軍に雇われた期間社員」のようなものであり、統制のとれた組織とは思っていないが、通説に従い、仮に組織だったとしても、その実質的な創設と管理監督者は、現場不在の龍馬とするのは無理があり、あえていうなら一行を長崎に連れて行き生活圏を与えた薩摩藩士小松帯刀とするのが妥当であると思う。

4　鹿児島を出発。長州へ向かう（慶応元年五月十六日）

○長州藩暴走史

龍馬が当初予定していた長崎行きを中止し、一人下関に向かったのは、鹿児島滞在中に、
「桂小五郎、長州帰国」
というビッグニュースが飛び込んできたからである。龍馬は、この二歳年上の長州藩士桂小五郎に会うために予定を変更したのだ。会って何をするつもりだったのか。これを考察するには、まず「幕末の爆薬庫」長州藩について知る必要がある。

文久年間の長州藩は、久坂玄瑞が中心となり、京都朝廷を担ぎその権威をかりて幕府の施政を攻撃し、その地位を貶めることに熱中した。幕府は、少なからず打撃を受け、その意外な脆さに有頂天になった久坂たちは、ついに政権剥奪「討幕」をも夢想するにいたる。

だが、長州藩のひとり勝ちを、世間は許さなかった。長州藩は、幕府、他藩（特定すれば薩摩藩）、そして滑稽にも、自分たちが担いでいるはずの孝明天皇本人からも嫌悪と反感を買い、得意の絶頂から一気に奈落へ転落してしまう。

激烈で滑稽な、文久三年から慶応元年までの長州藩風雲史を年表風にいえば、

①「堺町御門の変」文久三年八月十八日
天皇公認のもと、在京の薩摩人と会津人が画策したクーデターで、長州人は一夜にして京都から追放。

②「禁門の変」元治元年七月十九日
京都奪回のため武装して京都に乱入した長州軍は、二十余藩を動員した幕府軍の前に敗退。久坂は、ここで自刃。

③「下関戦争」元治元年八月
前年、下関海峡を通過した外国船を攻撃したことに対し、イギリス・フランス・アメリカ・オランダ連合艦隊が報復。降伏し、講和を結ぶ。

④「長州征伐」元治元年十一月―十二月
幕府は諸藩を動員して、「長州征伐」を敢行。長州藩は責任者を片端から処刑し服罪したため、実際の戦闘は行われることなく長州征伐は終結。

⑤「高杉晋作のクーデター」元治元年十二月―慶応元年一月
長州藩内では、幕府に降伏した藩政府に不満な藩士高杉晋作が、少人数を率いて藩政府打倒を試み、これが奇跡的に成功。

ということになる。だが高杉晋作は、天才的革命家ではあっても政治家ではない。クーデター成功後の長州藩は、リーダー不在の無政府状態に陥った。

○桂小五郎

ここに、長州藩政の秩序を回復し、方向付けのできる指導者が渇望された。それが桂小五郎だった。

桂は、久坂ほど過激ではなかったが、急進派の一人として主に他藩との外交に活躍していた。「禁門の変」の際、京都を脱出し、帰国せず但馬（兵庫県）出石に潜伏した。帰国すれば、敗戦の責任者の一人として処罰されることが予想できたからである。高杉のクーデターの成功がなければ、桂の消息はここで途絶え「没年不詳」の人生で終っていたかもしれない。

桂は当時三十一歳だったが、年齢のわりに老成し、一藩の指導者としての資質が期待できることは衆目の一致するところ。桂の潜伏場所を知る数人は、混迷する藩内事情を桂に連絡して帰国を促し、お膳立てが整ったところで、桂は帰国した。

桂が下関に着いたのは、慶応元年四月二十六日。鹿児島の西郷邸に滞在していた龍馬は、この情報を入手したのである。

しかし、ここに疑問がある。長州藩政府が桂の帰国を把握したのは五月七日のことで、それも桂本人からの連絡による。遠く鹿児島にいた龍馬が、五月十六日以前にそれを知っていたというのは不自然ではないか、という疑問である。

だが、事実龍馬は知っていた。それは、龍馬と同郷の土佐人中岡慎太郎が伝えたのである。

○中岡慎太郎

中岡慎太郎。土佐国安芸郡北川郷の大庄屋の長男。土佐勤王党員。藩が勤王党弾圧に乗り出した文久三年九月に脱藩し、長州に向かう。

長州人は「堺町御門の変」で京を追われる際、長州に好意的だった三条実美たち七人の公家を連れていった（七卿落ち）。七卿は、三田尻の招賢閣という毛利家の別邸に起居したが、中岡たち脱藩浪人もここに収容され、七卿の世話掛のようなことを務めていた。

長州征伐の際、幕府は五卿（一人死亡、一人脱走で五人になった）を長州藩から引き離し、九州の大宰府に移そうとした。神輿を奪われることに長州人は抵抗したが、中岡はもっとも能動的で、直接幕府軍に掛け合うため小倉に渡り、筑前藩士の伝手を頼って、十二月四日に征長軍参謀の薩摩藩士西郷吉之助に面会することに成功した。抗議に赴いたはずの中岡だが、初対面で西郷に強く魅き付けられてしまう。

「学識あり、胆略あり。常に寡黙言にして最も思慮深く、雄断に長じ、たまたま一言を出せば確然人の肺腑を貫く。かつ、徳高くして人を服し、かずかず艱難を経て事に老疎す……実に知行合一の人物なり。これすなわち洛西第一の英雄に御座候」

というのが、中岡の西郷評（慶応二年時）である。

中岡は、西郷との面会を斡旋した筑前人から、西郷は実は幕府独裁体制に不満で、これからは諸藩が連合していかなければならないという「諸藩連合政権」構想を主張していることを聞いた。中岡は、これからの政局は幕府と薩摩藩との抗争が中心になっていくと観察した。もっとも長州藩を見捨てたわけではなく、できれば薩摩藩と提携して幕府の反対勢力になってほしいと願った。

この時期中岡の周辺にいた筑前人（早川養敬）が、明治後、薩長同盟の功績が坂本龍馬一人に集約されているのを不満に思い、

「薩長同盟は、坂本龍馬より中岡慎太郎の方が功績が大きい」

という趣旨の発言をしたが、半分は真実、半分は違うと判定したい。たしかに、中岡の方が「龍馬より先に」薩長和解運動をしたが、中岡が画策した初期「薩長同盟」の正体は、

「苦境の長州藩を救済できるのは、薩摩藩しかいない」

という薩摩藩の救済を求めたもので、両者互角の「同盟」とはいえないからだ。

結局、中岡は五卿に同行して大宰府に移るのだが、行動家の彼はその後も、京都や下関へ潜入を繰り返し、慶応元年四月三十日、上京の途時下関で、帰国四日後の桂小五郎に出会ったのである。

ちなみに中岡の桂小五郎評は、

「胆あり識あり、思慮周密。廟堂の論に耐ゆる者は、長州の桂小五郎」

というもので、中岡は、桂がこの後長州藩の代表になることを確信したらしい。

中岡は、彼が思う薩長の代表者である桂と西郷を会わせなければならないと思い、桂の帰国情報を、五卿の警護兼監視役として大宰府に駐在している薩摩人に流し、鹿児島の西郷に報せるよう頼んだ。あるいは、桂との面会も勧めたかもしれない。

下関から発信した中岡の報告が、大宰府経由で鹿児島に届くには二週間前後かかる。つまり、五月十四・五日に西郷のもとに届いたと推測される。龍馬の鹿児島出発日が「十六日」なのは、そういう意味があったのだ。

○西郷と桂と龍馬と

しかし西郷は、「桂帰国」というニュースに、どの程度関心を示したであろうか。

まず、西郷の性格である。西郷は、自らの道義観念に適さない相手に対しては、嫌悪感を隠すことのできない感情家である。薩摩藩内で西郷に嫌われ排斥された例は少なくなく（中山尚之助・堀次郎・大山格之助など）、明治後は他藩出身者の大隈重信（佐賀）・後藤象二郎（土佐）・井上馨（長州）などを露骨に嫌ったことは書簡等の史料から明らかである。

その西郷の認識では、朝廷を操り政治を壟断した文久・元治年間の長州人の行動は、自らの私欲のための行動に走った功利家集団であり、中央政界から彼らを排斥することに何の迷いもなかった。その長州藩に、桂小五郎が帰って来たといわれても、西郷はどう反応したであろうか。西郷は、桂小五郎という名前は長州藩過激派の一人としては知っていたが、面識はなく、その人物を判断する客観的材料もない。中岡から、「桂に会ってほしい」といわれても、唐突というほかなく、当惑したにちがいない。

だが、龍馬の反応は、西郷とは多少違ったと思う。龍馬は中岡とは異なり、これまで長州人とは縁が浅かったが、桂は数少ない旧知の仲だった。その出会いは、おそらく両者がともに江戸で剣術修行に没頭していた安政年間（一八五四―五九）の二十代前半の頃と推定され、その後の文久年間も交友の跡は見受けられるから、桂の生存情報には関心を示したと想像される。

西郷は、中岡の勧めには消極的だったが、長州征伐後の長州藩の実状を知ることは政治的に重要という思いはあっただろう。そこで、桂の旧知という龍馬を、事情探索員として長州に潜入させようと考えたのか、龍馬が中岡案に同調し、みずから「薩長和解」の使者となることを希望したのか、どちらともいえない。

5　大宰府から下関へ（慶応元年閏五月）

○大宰府の龍馬

五月十六日に鹿児島を出発した龍馬は、大宰府を目指した。厳戒体制の長州藩に、桂の旧知というだけの龍馬が無事に入国できる保証は何もない。そのため、長州から引き離され大宰府に居住している三条実美に長州入国の便宜をはかってもらおうと思案したのである。

だが、九州の五藩士（筑前・久留米・佐賀・肥後・薩摩）の監視下におかれている三条に拝謁することと自体が容易ではない。このため、龍馬は児玉直右衛門という薩摩人に同行してもらっていた。

二十三日、大宰府着。龍馬のメモに、

「渋谷彦助に会す」

とある。おそらく児玉直右衛門が、警護の薩摩人渋谷彦助に会い、龍馬のことを（西郷の命令で長州の事情探索をさせるのだ）と説明したと考えられる。

三条への拝謁が許された龍馬は、警護の一人の土佐人安芸守衛とともに、三条の使者として長州へ向かうことになった。

龍馬はその生涯を見ると、人との出会いに関しては運がいい。このとき太宰府に小田村素太郎と

時田少輔という二人の長州藩士（時田は支藩の長府藩士）が滞在していた。龍馬は二人に、

「桂小五郎に会いたいが、その仲介をしてほしい」

と便宜を求めている。このことが、よほど桂との面会を容易にすることになった。

閏五月一日に、龍馬は下関に到着し、そのことは、時田少輔から小田村素太郎を経て桂に伝達され、早くも三日には、藩政府から桂に下関出張の辞令が出ている。藩は、坂本龍馬なる人物は知らず、ただ三条からの使者に会いに行くよう指示しただけである。

桂も、この時期までは龍馬と旧知の関係以上ではない。おそらく（龍馬は、五卿の従者になっていたのか）、程度の思いで下関に赴いたであろう。

だが、桂はその後一か月近くも下関に滞在することになる。それには土方楠左衛門という人物が関係している。

○土方楠左衛門の放言

土方は、中岡同様、土佐脱藩人で五卿の従者。その日記『回天実記』によると、土方は四月に上京して薩摩藩邸に潜んでいたが、五月十三日に中岡が上京して来た。四月三十日に、下関で桂に会って来たばかりの中岡は、「西郷と桂を会わせよう」と提案した。

土方はこれに同調し、土方は桂、中岡は西郷を説くという役割を決め、五月二十八日、二人は鹿

児島に帰国する薩摩船胡蝶丸に便乗し、大坂を出港した。

豊前田の浦（北九州市門司区）で下船した土方は、閏五月三日、竹崎（下関市）の廻船問屋白石正一郎宅に宿泊し、旧知の長府藩士と面会を重ねた。その際酒席で、

「薩摩の西郷が、十日前後に桂に会いに来る」

と放言してしまうのである。

このビッグ・ニュースは、長府藩士から別々に龍馬と桂の耳に入り、五日に龍馬、六日に桂が相次いで白石邸を訪問する。土方は、一気に「薩長和解」の使者として注目されることになった。

だが、この時点の土方には、西郷が下関に来るかどうかはまったくわからないはずである。であるのに、日付まで断言しているのは明らかにハッタリである。思うに土方は、中岡に同意して下関には来たものの、桂に容易に会えるとは思っておらず、長府藩士と酒でも飲んで大宰府に帰るつもりではなかったか。それが、まったく別ルートの龍馬が、桂に接触を試みていたため、意外にも容易に桂との対面が実現してしまった。

だが、桂の機嫌は良くない。桂は、今日の長州藩没落の原因は「堺町御門の変」の首謀者薩摩藩にあると思っていたし、特に「禁門の変」で長州軍を撃退し、その後「長州征伐」の参謀として長州に乗り込んで来た西郷吉之助個人に対しては、強い不快感をもっている。

なぜ西郷が来るのかよくわからないが、西郷に会えたなら、これまでの薩摩藩の行動を「督責」

すると藩政府に宣言する手紙（閏五月五日付）を書いている。

来るか来ないかわからない西郷を待つことに苦しくなった土方は、なんと自らが「西郷が来る」といった十日の前日の九日に、後事を龍馬に託し、大宰府に帰ってしまう（！）。

結局、中岡が下関に到着したのは土方の目算を大幅に遅延した二十一日だった。しかも、案の定というべきか、西郷は同行していなかった。中岡の弁明によると、西郷は桂に会うことを承知して鹿児島を出発したが、十八日に佐賀関（大分県国東半島）で突然、急用を理由に中岡を振り切って上京してしまったという。

桂が、激怒したことはいうまでもない。

「それ見たまえ。僕は最初からこんな事であろうと思っておったが、はたして薩摩のために一杯食わされたのである。もうよろしい。僕はこれから帰る」

と吐き捨て、中岡と龍馬は「百方陳謝した」という（土方久元講演『薩長同盟実歴談』）。

これを、通説は「西郷の違約」とするが、西郷その人が、「長州へ行く」と言ったという史料は実はない。中岡の言い訳は、この場にいなかった土方の後年の講演の中に出てくるだけで、信用できない。約束していないのだから、違約も何もないであろう。

西郷は、龍馬に長州藩内の事情探索を頼んだ程度のことで、一足飛びの「和解」ましてや「同盟」

など考えていなかった。初めから下関に寄るつもりはなかったと断定していいと思う。

西郷の「違約」(?)に立腹した桂は、なだめる龍馬と中岡に対して、

「西郷―薩摩藩が信用できるというならば、長州藩のために薩摩藩の名義を貸すことを承諾させてほしい」

と言い出した。

この時期桂は、対幕府戦を想定して、銃と蒸気船の購入を欲していたが、長州藩の名では幕府が妨害するのは必至とみて、薩摩藩の名義を借りることを思いついたのである。難題ではあったが、龍馬と中岡は桂の提案にしたがうしかなく、西郷を追って上京した。

6　下関から上京。西郷の説得に失敗（慶応元年六月）

○下中弥三郎の西郷伝

ここから先の龍馬と中岡の行程が、よくわからない。二人の入京日も不明である。

西郷関係史料は、入京日を「六月二十四日」とするが、これは多くの西郷伝を書いた下中弥三郎の『西郷隆盛伝』（明治四十五・内外出版協会）の、

「慶応二年（元年の誤）六月二十四日、坂本龍馬と中岡慎太郎の二人は突然上京して薩邸に西郷を訪ねた」

という記述に従ったものである。だが下中の記述は、慶応「元年」を「二年」と誤っている（誤植ではない）ように杜撰で、「六月二十四日」という日付にも何ら客観的証拠がない。

また下中は、龍馬に会った西郷は、

「いや坂本さん。それは何とも相済まなんだ。木戸（桂）さんの怒ったのも無理はない。長州からの申込み、それは喜んでお請けし申そう」

と陳謝し、名義貸しを快諾したとする。

だが、前述のように西郷は違約したとはいえないのだから、謝る必要はない。下中は、すでに確

立していた通説に、彼の想う西郷像を潤色して書いたのであり、史実とは認められない。

◆下中弥三郎（明治十年一八七八―昭和三六年一九六一）
兵庫県多紀郡今田村（篠山市）生まれ。平凡社創設。

○中原邦平『井上伯伝』

下中が参考にした「通説」とは、長州藩士井上馨の伝記『井上伯伝』（明治三十九）である。井上馨（聞多）は、桂の二歳年下の弟分で、明治政府で顕職を歴任。大正四年、八十歳まで生きた人物だが、生前の明治三十九年に中原邦平（毛利家史編輯局員）が書いた伝記が『井上伯伝』である。

中原邦平は、楠本文吉という土佐浪人の動向に注目した。楠本もまた、中岡や土方同様、大宰府の五卿付従者の一人である。

土方の日記『回天実記』によると、楠本はこの時期上京していたが、六月二十日に京都を出発し、途中長州藩に数日滞在した後、長州人井上聞多と伊藤春輔（博文）の二人を連れて、七月十七日に大宰府に帰って来た。そして二十一日、楠本は、「伊藤・井上同伴を以て、崎陽（長崎）へ出発」している。

中原は、楠本の出京日「六月二十八日」に注目した。それは、中岡から桂あての「六月二十八日」

付の書簡が存在するからである（『木戸孝允文書』）。中原はこの書簡を、六月二十八日に出京する楠本に、中岡が託したものと考えた。

長州に立ち寄り、桂に中岡からの書簡を手渡した楠本が、桂の弟分の井上と伊藤を同行し、長崎まで武器購入に赴いたということは、すなわち龍馬と中岡から、「薩摩藩から、名義借用の承諾を得た」という連絡があったからである、と中原は考え、『井上伯伝』に、

「坂本等二人よりは、五卿の従士楠本文吉の京師より筑前に帰るに託し、薩藩承諾の旨を回答し来たるが如し」

と書いたのである。

中原説は、一見筋が通っているように見えるため、下中弥三郎も以降の研究者も、これを踏襲し、現在の通説になっているのだが、私は中原説に従えない。

◆中原邦平（嘉永五年一八五二―大正十年一九二一）

周防国大島郡久賀村（山口県大島町）生まれ。筆も立つが口も達者で、現在ならテレビで歴史コメンテーターとして活躍したに相違ない。

○龍馬は名義借用に失敗した

六月二十八日に龍馬と中岡が、桂あての書簡を楠本に手渡した事は、まず間違いないと思われる。だが、残念ながら龍馬から桂あての書簡は現存しない。やむなく中原は、中岡の書簡に飛びついて、自説を展開させたのだが、実は中岡の書簡には、薩摩藩の名義の件など一言も書かれていない。つまり、「西郷が承諾した」ということを証明する史料は何もないのである。

また、薩摩藩の決定権は、一藩士の西郷などにはなく、藩主島津忠義の父（「国父」とよばれた）島津久光にある。長州藩のために、薩摩藩が名義を貸すというような重大事を、西郷がこの場で即決する権限などなかったはずだ。

この疑問に関しては、

「重要事項だから、あえて書簡には書かず、口頭で楠本に伝えたのだ」

「西郷は、重要事項を決定するときは、久光を恐れず果断した」

という反論もあるかもしれない。

しかし、もし西郷が承諾したと仮定しても、そのことを長州藩に連絡するのは、龍馬か中岡でなくてはならない。事実、龍馬は下関を出発するとき、

「名義を借りることに成功したら、下関に帰って来る」

と、桂の弟分の伊藤春輔に宣言して出発している（六月二日付・木戸あて伊藤書翰）。

だが、結局龍馬も中岡も下関に帰らず、たまたま京都にいた楠本文吉に、桂への手紙を託したということ自体、西郷の承諾を得られなかった何よりの証拠ではないだろうか。

以上のことから、西郷が、薩摩藩の名義貸しを承諾したと安易に結論づけられないのである。

ここからは想像になるが、西郷説得に失敗した龍馬は、

「西郷その人は反対ではないが、薩摩藩の内部調整には時間がかかる。とりあえず大宰府と長崎に薩摩人が駐在しているから、直接交渉してみてはどうだろうか」

などと、多少の可能性を示唆するような報告を桂に送ったのではないだろうか。

○トマス・グラバー

龍馬から、「西郷承諾」の返事をもらえなかったとすれば、桂が井上・伊藤を長崎に派遣した経緯を説明しなくてはならない。

桂は、あてにならない龍馬の返事を、ただ無為に待っていたわけではない。すでに、青木群平という者を長崎に派遣して、武器の購入にあたらせていた。青木は、長崎最大の商人トマス・グラバーとは面識があり、購入には自信があったらしい。

だが、グラバーは取引を拒否した。青木の報告を受けた桂は納得できず、自らグラバーに書簡を認め、拒否の理由を質した。グラバーの弁明は、

「幕府からイギリス本国に、長州藩との取引を禁止する旨の通達があり、本国はそれに従った。これに反すると、私は厳罰を受けてしまうので断わらざるを得なかった」

というものであった。

しかし奸智に長けたグラバーは、彼個人の意見として、

「幕府の通達は、日本国内にのみ通用するものだから、海外……たとえば上海などで購入することは、この通達に反しないと思う」

と言い、さらに、

「長州藩が上海に赴く船を所有していないのであれば、上海で船そのものを購入し、その船に銃を積むというのもまた一手段ではないでしょうか」

と唆すのである。その斡旋なら喜んでやりましょう、というわけである。

このグラバーからの返書が届いたのが七月十一日。ほぼ同時期に、楠本文吉が龍馬からの「交渉不調」の書簡を持参してやって来たのである。これで桂は、自力で購入することを決意したと考えられる。

○井上聞多と伊藤春輔

さらに、桂以上に積極的だったのが、弟分の井上聞多・伊藤春輔の二人である。二人が、慎重な

桂を強引に説得し、楠本に同行して大宰府に向かったというのが真相らしい。

これには、二人の個人的事情が大きく関係していた。井上と伊藤は、二年前の文久三年にイギリスに密航した経歴がある。在英わずか半年で帰国したのだが、単純な攘夷論者からは、売国奴のように憎まれていた。伊藤の回顧談では、当時長州に滞在していた中岡慎太郎が、酔って、二人を殺すと押しかけて来たというから、逆風推して知るべしである。

さらに二人は、「下関を開港すべきだ」という意見を藩に進言したことで、決定的な窮地に陥った。当時下関という土地は、そのほとんどが支藩の長府藩（五万石）と清末藩（一万石）の領土で、萩本藩の土地はわずかでしかない。井上・伊藤と高杉晋作は、

「両支藩には別の土地を与えて、本藩が下関全土を取り上げてしまえばいいではないか」

と公言したことで、ついに長府藩士の暗殺剣の標的にされることになった。高杉は大坂その後四国に、井上は九州別府に逃走、伊藤は下関に潜伏した。四月に桂が帰国したとき、高杉も井上も亡命中だった。

桂に呼び戻されて井上は帰国したが、暗殺者が充満するこの物騒な土地から離れたくて仕方がなかったのだ。

7 龍馬不在の社中は何をしたのか（慶応元年七月）

○社中伝説

楠本に同行し大宰府を訪問した井上・伊藤は、五卿警護の薩摩人渋谷彦助・篠崎彦十郎に面会した。趣旨を説明し長崎までの同行を求めたが、少人数を理由に断られた。だが、長崎在勤の市来六左衛門あての「添書」（紹介状）は書いてくれた。楠本は、そのまま同行することになり、三人は、七月二十一日に長崎に到着した。

長崎では、龍馬から連絡を受けていた社中の面々が活躍し、二人は銃を購入することができた——というのが通説である。だが龍馬は、鹿児島で旧勝塾のメンバーと別れており、小松帯刀に連れられて長崎に行った彼らの境遇は把握しておらず、京都から指示命令できるはずもない。

明治三十三年（一九〇〇）、末松謙澄（『防長回天史』編者）が、伊藤博文・井上馨の両人に試みた、リアルなインタビューが遺っている。

> 伊藤「ちょうど三条さんたちは、大宰府に渡ってそこにおられた。
> 　そうして薩摩人にその事を頼んだところが、長崎へそこから人を附けて送ってくれた」

末松「長崎へお出でになったとき、楠本文吉という者とご同伴でお出でになりましたか」
伊藤「それは土佐人だ。三条さんに従っておった者で、それと一緒に行った」
末松「長崎へお出でになったときに、楠本文吉という者のほかに警衛として附いて行った者はありませぬか」
伊藤「別に警衛としては附きはせぬ。彼（楠本）も自分で行きたいというようなことで、供をして行ったくらいのことであった」
井上「その頃長崎に、薩の市来某（六左衛門）という者が出張しておった。その者に、吾輩と伊藤とが逢うて、どうしても薩長が一致でなければならぬということを色々話したところが、その人もちょうど我々と同じ論であったから、長崎で数次会談をした」
末松「長崎にお出でになって、直接にグラバーへご依頼になったのですか」
伊藤「そうだ」
末松「そうすると、長崎にいる薩州人には、べつだん買い入れのご依頼がなくて、船で鉄砲を送ってくれというだけでしたか」
伊藤「そう。鉄砲を買う方は直接に外国人に買った。しかし、薩摩の名義で買わなければ、奉行所からやかましく言うから、どこまでも薩摩の名義でわれわれも薩摩人ということにして、そうして薩摩の船で運送してやるということになったのだ。買うことは、この方で直接に買ったのさ」

このように井上・伊藤は、「薩摩藩の名義を借りること」「運搬のための船の借り入れ」の二点は、薩摩人に依頼したが、購入自体は自分たちで行ったと語っている。

たしかに、大宰府から長崎の薩摩人への紹介状をもらっているのだから、それを直接市来に渡せば済むことだし、伊藤などは三か月前の四月に高杉晋作とともに長崎に来て、グラバーとはすでに面識がある。社中にわざわざ仲介してもらう必要などない。では、なぜ「社中がすべて取り仕切った」という通説になっているのか。実はこれも、『井上伯伝』の記述によるものである。

◆末松謙澄（安政二年一八五五―大正九年一九二〇）
豊前国前田村(福岡県行橋市)末松家四男。東京日日新聞記者。伊藤博文の次女と結婚。『防長回天史』編纂。

○『井上伯伝』の記述

楠本文吉の紹介をもって、まず海援隊の士、千屋寅之助・高松太郎に面し、来意を述べて周

旋を依頼す。千屋・多賀松の二人は、同志の士上杉宗二郎・新宮馬之助等を会してこれを謀る。皆いわく、

「坂本龍馬をはじめわれわれ同志がつとに希望したる薩長連合の機会はすでに来たり。よろしく長州の二士を薩邸内に潜匿せしめ、しかる後、銃艦購入の手続きを定むべし」と。

ただちに小松帯刀を訪うて、君等二人来崎の趣意を告げ、その庇護を請う。小松これを快諾し、君と伊藤とを迎えて薩邸内に潜匿せしむ。

君等の小松に面するや、わが藩の事情を述べ、将来開国勤王の方針をもって国是を一定せざるべからざる所以を説き、かつ銃艦購入の事を依頼す。

小松もまた君等とその論旨を同じうし、二藩相提携して、必ずその目的を達せんことを誓い、銃艦購入のことはもちろん、すべて長藩に便宜を与うる事は、藩力を尽して周旋せんことを諾す。君等二人大に喜び、高松太郎の案内にて、夜中密かに英商グラバと会見し、薩藩の名義をもって、小銃買い入れの約を定む。

これまですべての歴史家・作家は、この『井上伯伝』の記述を丸写ししてきたと断言できる。だが、毛利家史編輯局員出身の中原は、長州系史料のプロであっても、土佐系史料は門外漢である。龍馬研究が未熟なこの時代、中原が社中の千屋・高松・上杉・新宮などの面々にまで言及しているのは

詳しすぎるとはいえないだろうか。

実は中原は、別の史料を引用したにすぎない。その史料とは、当時毛利家文庫に所蔵されていた『土藩坂本龍馬伝』という写本（現在は山口県文書館所蔵）である。

○『土藩坂本龍馬伝』の記述

慶応元乙丑年春。長人井上聞多、伊藤俊助、楠本文吉崎陽に到り、密に薩邸に潜居せる直柔（龍馬）同志の千屋虎之助、高松太郎両人へ、楠本文吉より書を送りて面ぜん事を乞う。因て、二人（千屋・高松）潜居へ訪問するに、豈はからん長の両士に会逅《ママ》する事を得たり。この時両士のいう、

「近日幕府、再び弊藩を討つの機すでに顕然たり。ゆえにその備え無くんばあたわず。よって、崎陽に小銃を求め得んと欲すれども、わが国人他の界を踏むに恐れあり。ここにおいて中途より楠本氏に先導を依頼して、この地に来る事を得たり。願わくば、諸君の尽力を借りて小銃を得、また馬関に達する事をひとえに仰ぐところなり」

千屋、高松両士唯諾して返り、崎陽に散在せる同志の者を招集して、この事を謀るに、その時新宮馬之助席を進めていわく、

「小銃購求の議は次なり。今その急務とするところは、長の二士をして薩邸に入らしむるを先とせん。而して後、事議すべく尽くすべし」と。

衆、すなわちこれに同じ、近藤昶次郎をして小松帯刀の旅寓に行かしめ、右の事を談ぜしめ、ようやくにして薩邸に入る事を得たり……。

ここにおいて高松太郎、伊藤俊助を誘うて夜、英人ラクウダ（ラウダ）の宅に行きて、小銃買得の道を開き、終に薩の名分をもってこれを買得たり。

中原が、この文章をアレンジして書いたことは明らかであろう。

ちなみに、この『土藩坂本龍馬伝』の著者は不明とされている（『坂本龍馬全集』）が、私は馬場文英という人物だと推論している（『伊藤公実録』）。馬場文英は、文政四年京都の生まれ。明治後は在野史家として、『元治夢物語』『七卿西竄始末』の著者として知られるが、この『土藩坂本龍馬伝』も代表作の一つとすべきであると提言したい。

しかし、その馬場文英もまた、オリジナル史料からの記述ではなく、さらにそれ以前の既成の龍馬伝を参考にしていた。『土藩坂本龍馬伝』は、

「すべてこの原書は、直柔（龍馬）が籍嗣小野淳輔――初名高松太郎――が維新の際、官に上する所の直柔が履歴書なれば」

と明記している。

高松太郎は、龍馬の長姉千鶴の長男で、七歳年下の甥。龍馬と行動をともにし、龍馬の死後はその後嗣となり、坂本直と改名した人物である。

○高松太郎『坂本龍馬』の記述

この年春、長州人井上聞多、伊藤俊助、土州人楠本文吉等長崎に来たり。直柔の同志千屋寅之助、高松太郎に依て小銃買得の事を依頼するに、氏直ちに唯諾し、近藤昶次郎をして小松帯刀の旅寓に行かしめ、備さに事を談ず。

遂に長州の二士藩邸に入ることを得たり。ここにおいて高松太郎、伊藤俊助を伴い、夜竊に英人ラウダの家に行きて小銃を買得するに、薩の名をもってす。

この高松太郎の龍馬伝は、現在、京都の「岩倉（具視）公旧蹟保存会・対岳文庫」に所蔵されている。明治政府の重鎮だった岩倉具視が明治十六年に死亡し、岩倉の伝記編纂のために、生前の岩倉に関係あった者の史料を集めた中のひとつである。

この文書を馬場文英が見たものとは断定できないが、いずれにせよ、『井上伯伝』の記述の原典は、高松太郎が明治後、龍馬と自分の所属した海援隊の顕彰目的のため、脚色して明治政府に提出したものであり、その記録を史実として信ずるわけにはいかない。井上・伊藤の回顧談、当時の状況を勘案すると、史実は、次のようなものになる。

井上・伊藤が面会した市来六左衛門は、当然長崎在住の薩摩人で最上位者の小松帯刀に二人の目的を報告したであろう。小松は、後の事績を見ると、薩摩人の中でもっとも長州人に好意的な人物で、このときも二人の武器購入に協力してやろうと思ったらしい。だが、積極的な関与は避け、薩摩名義の使用を「黙認する」という立場を取った。

だが、一つ問題がある。井上・伊藤が武器購入のため赴こうとしている商人グラバーは、伊藤が長州人であることは知っている。「薩摩人の承諾は得たのだ」と説明しても、青木群平同様、門前払いをされる可能性は高い。グラバーを安心させるために、どうしても一度は薩摩人が同行して事情を説明する必要がある。井上・伊藤は、そう小松に懇願したに相違ない。

そこで、小松は彼の配下の社中連中にまかせた。もし事が露見しても、「浪人連中が勝手にやったこと」と逃がれることができるからだ。

社中の連中は、いわば捨て駒として、井上・伊藤に同行してグラバーを訪問したのであり、それ以上の役割はなかったといえよう。

だが、高松太郎の自尊心はそれを認めず、明治後、井上・伊藤両人は自分たちを頼って来たのだと脚色して記述したものが、龍馬伝説の礎となったのである。

8　ユニオン号事件（慶応元年十一月）

○近藤長次郎（上杉宗二郎）

銃の購入に成功した井上と伊藤だったが、蒸気船購入は果たせなかった。理由は、長州藩政府の方針の不徹底で購入が見送られたためだが、二人は後日必ず購入するつもりだった。そのためには、何としても薩摩藩の名義を借りなければならない。

井上は、銃の入荷までの時間を利用して、鹿児島に表敬訪問することを画策した。だが、さすがに一人で行くわけにもいかず、社中の近藤長次郎に同行してもらうことにした。

長州系史料には、「上杉宗二郎」という変名で記され、龍馬が「まんじゅう屋」と呼んでいたこの人物は、高知城下の商家の生まれで、社中きっての才物である。井上もまた近藤の才にほれ込み、大胆にも一浪人の近藤に長州藩の船購入の実務一切をまかせることにした。

銃を満載した船で意気揚揚と長州に帰国した井上は、九月五日、長崎出張の成果報告を藩主に報告する際、近藤を同席させた。近藤は藩主から、

「ひきつづき、蒸気船購入について尽力を頼む」

と直々に言葉をかけられた。故郷の土佐では考えられない厚遇に感激した近藤は、井上と長州藩の

期待に応えるべく、勇躍鹿児島へ向かった。

意外な抜擢のようだが、困難な交渉を丸投げしたという見方もできる。龍馬も含めて藩に属さない浪人は、常に使い捨ての宿命を背負っていた。


鹿児島に着いた近藤は、小松帯刀の邸を訪問し、薩摩「国父」島津久光への拝謁を願い出た。このときの近藤は小松の庇護下の彼ではなく、長州藩の使者として存在していた。浪人嫌いの島津久光に拝謁するため、近藤は長州藩主父子の親書を持参していた。

これには小松も驚き、使者である近藤を薩摩藩主父子に謁見させた。浪人の身分、そして、一個人で薩長両藩主に拝謁したのは、おそらく近藤長次郎ただ一人ではないだろうか。

当初は難色を示した薩摩藩が名義貸与を認めたのは、小松の尽力もあったが、近藤が提示した好条件による。その条件とは、

○船の購入代金および経費一切は長州藩が支払う。
○船の所有権は両藩共有とするが、船名は「桜島丸」、船旗は薩摩藩章の丸十字とする。
○操船は、社中が行う。
○長州藩が幕府と開戦したときは、長州藩に引き渡すが、平時は商船として使用する。

というものであった。購入資金は長州が全額負担し、実質薩摩藩が使用する船が購入できるという薩摩絶対有利の条件なのだから、薩摩藩が喜ばぬはずがない。

このことは、すべて井上と打ち合わせたものだった。目的達成のために拙速を厭わず、相手に好条件を提示するのは井上のお家芸で、明治十年代外務卿のとき、条約改正のため極端な欧化政策をとり、鹿鳴館時代を演出したことは有名であろう。だが、周囲を置き去りにし、自分の想いだけで驀進するため、結果は常に失敗した。このときも一時的に薩摩藩を喜ばせることには成功したが、案の定のちに窮地に陥ることになる。

薩摩藩の承諾を得た近藤は、長崎に帰り十月十七日にグラバーと契約を交わし、ユニオン号という商船の所有権を得た。軍艦ではなく、商船というところがおもしろい。平時は商業に使い、戦争時には大砲を積んで軍艦に仕立てようという発想である。

だが、近藤は船の所有には莫大な経費がかかることの認識が甘く、所有権を取得したその日からたちまち金銭に窮してしまう。近藤は当座を凌ぐため、やむなく売主のグラバーから千両借金した。いずれ長州藩から支払ってもらえるはずと思っていた。

十一月上旬に下関に着いた近藤は、すぐ井上に面会を求めたが所在不明（また暗殺を逃れていたものらしい）で会えず、伊藤に伴われて山口に赴き、藩主父子に二度目の拝謁をし、購入の報告をした。このときが、近藤の人生の絶頂だったといえよう。下関に帰った近藤は、一転して苦境に陥る。

長州藩には、小規模ながら三田尻に海軍局という機関が存在した。その面々が、船の引渡しを求めて来たのである。近藤は驚き事情を説明したが、海軍局員は、

「金を出した当藩が使えないなど、そんな馬鹿な話があるか」

と主張し、聞き入れない。

ユニオン号に乗船していた薩摩人の士官は、

「薩摩の旗を掲げた船が下関に停泊している。これは、これまで不和といわれていた両藩の和解を世間に知らしめるよい機会ではないか」

と仲裁したが、狭量な長州人は目の前の不利益から離れられず、金のことばかりいいたてる。ついには、薩摩人士官も腹を立て、

「ならば、馬関を打ち払い、帰帆いたすべし」

と言い放ち、薩長和解どころか一気に険悪な雲行きになった（『吉川経幹周旋記』）。

だが、馬関が薩摩人によって打ち払われることはなかった。それは、十二月になって、熱心な薩長和解論者の薩摩人黒田了介（清隆）と、龍馬が相次いで下関に来たからである。

9　龍馬来る……何のために（慶応元年十二月）

○黒田了介

ちなみに、黒田了介は、西郷の指示で派遣されたとするのが通説だが、黒田個人の意志で来たと見る方が正しい。勝田孫弥『西郷隆盛伝』（明治二十七）には、黒田が、

「薩長の連合を計画せんには、長藩の木戸孝允（桂小五郎）に説き、これをして京都に出で、西郷・大久保等と会合せしめ、たがいに胸襟を開いて談合せしむるにしかず」

と考え、西郷に説き自らが使者となったと書くが、これが真実であろう。

長州藩は、正真正銘の薩摩藩士黒田了介の訪問で心を動かし、薩摩との和解の空気は一気に高まった。黒田こそ、「薩長同盟」のお膳立ての最大の功労者であると私は思う。

だが、黒田の来関に前後して龍馬が下関に現れたため、後世は混乱し、黒田の功績をすべて龍馬に集約させてしまうのである。

ただし、「黒田が薩長和解に目覚めたのは、龍馬の助言によるもの」と勝田が書いていることは明記しておかねばならないだろう。

「慶応元年の冬、黒田清隆兵庫を過ぎ坂本龍馬に会合せり。談論数刻にして坂本はつぶさに当時の形勢を陳し、王政復古を決行せんと欲せば、さらに薩長の間を和解し、二藩連合してもって天下に率先せざるべからざるを説きたり。黒田、大に悟る所あり」

◆勝田孫弥（慶応三年一八六七―昭和十六年一九四一）
鹿児島出身の歴史家。代表作『西郷隆盛伝』（明治二十七）、『大久保利通伝』（明治四十四）

○龍馬の目的は「広島談判」の報告

桂小五郎改め木戸貫治（藩命により九月二十九日改名）は、黒田と龍馬の来関について、

「薩黒田了介、余を尋ねて馬関に至る。談話一日、切に余に上京を促す。このとき、坂本龍馬また来て、馬関にあり。また頻りに黒田と共に上京の事を論ず」

と書いている（『木戸自叙』）。この文では、木戸に上京を勧めに来たのは黒田であり、龍馬がなぜこのとき下関にいたのかは、わからない。『防長回天史』は、

「坂本は西郷と協定し、黒田に先立ちて馬関に来たり、黒田来使の事を予報」

と、龍馬は黒田の露払いとして先行して来たとし、この解釈が通説化しているが、的外れだと思う。

龍馬は、十一月二十四日に大坂を出港し、二十六日に上関港に上陸している。上関は、当時海上交通の要衝だったとはいえ、長州藩領の東部に位置し、龍馬が黒田の訪問を伝えるという目的で来たのならば、その上陸場所としてはふさわしくない。

上関に降りた龍馬が、下関に姿を現したのは、七日後の十二月三日である。黒田が下関に上陸した日は不明だが、龍馬とほとんど同時であり、これでは黒田の露払いの意味がない。龍馬は、黒田とは別の目的でやって来たと見るほかない。

龍馬が長州に来た真の目的は、幕府が試みた「広島談判」に対する当時の長州藩内部の実状を探ることだった。「広島談判」とは、長州征伐で降伏したはずの長州藩が、性懲りもなく、内実幕府への敵対活動を進めつつあるという疑い（事実だが）があり、その真偽を審査するために、幕府官僚が広島まで来たものである。

在京薩摩人の岩下佐次右衛門や吉井幸輔は、この「広島談判」の情報を得ようと長州通の龍馬を派遣した。幕府の使者大目付永井尚志が、広島に到着したのは十一月十六日。龍馬が上関に降り立ったのが、その十日後の二十六日。一ヵ月後に薩摩船は再びこの上関に戻ってくるから、その間、調査せよという密命を受けたのである（『桂久武日記』）。

龍馬は、山口・三田尻など長州藩の行政中心地で情報収集活動をして、上関に戻るつもりだった。しかし、彼がもっとも会いたかった木戸は下関に滞在中で、しかもその用件が、近藤長次郎と海軍局の紛争の仲裁ということを知り、急遽下関に向い、結果ユニオン号問題にどっぷり浸かってしまい、約束の期日（十二月十三日前後）までに、上関に戻ることができなくなってしまったのだ。

「だれか上関まで出し候心づもりに候ところ、この頃御国（薩摩）より相廻り候船、下関に参り候時節、人なく、幸いに黒田了介殿御出でに候えども、今少し御留まりの儀ゆえに是非無く候」と、岩下・吉井あて書簡（十二月十四日付）にある。

だれか代わりに上関に人を派遣しようとしたところ、たまたま黒田了介殿が来られましたので、頼んでみましたが、いましばらく下関に滞在するということで断られました――と書いている。龍馬が、薩長同盟を主張する黒田の露払いで来たのなら、こんなことを書くはずがないのである。

○龍馬は近藤を説得できなかった

木戸と井上は、賓客黒田を連れて山口に去り、ユニオン号問題は高杉晋作と中島四郎（海軍局長）、龍馬と近藤の四人に託された。

近藤にとっては意外なことに、龍馬は中島側に立ち、船はいったん上方に回航するよう主張した。龍馬にしてみれば、黒田が来て薩長和解の機会が訪れているいま、薩長間の揉め事を早急に終息させたかったのだろう。

だが、千両の借金までしてこの件に尽力した近藤は、龍馬に従わない。この件に関わっていない

龍馬が、先輩面で指図することを許せず、

「長州藩が代金を支払わないなら、船は長崎に返す」

と頑強に抵抗した。龍馬は、近藤を説得することができない。

「では、自分が上京して小松・西郷にかけあってこよう」

と下手に出てみたが、近藤はこの提案も斥けた。

ついには藩の首相格の山田宇右衛門自らが、調停のため、三田尻の海軍局員を同行し下関に赴くことになった。山田は、近藤の主張を容れ、船はいったん長崎に回航することになった。龍馬案は否決されたのである。

だが、長崎に回航してその後どうしようとしたのか、よくわからない。なぜなら、長州系史料は、この一件をここで唐突に終わらせ、以後何も触れていないからである。十二月末にユニオン号を回航して長崎に帰った近藤は、それからわずか三週間後の慶応二年一月二十四日に自刃に追い込まれて死んでいる。当然ユニオン号事件に関係している（『土藩坂本龍馬伝』）はずなのだが、この事件を言及すると、伯爵（のち侯爵）井上馨の責任に触れざるを得ず避けたものらしい。

現在では、近藤の死について、

「近藤は、社中の規則に背いて一人洋行を企てたため、制裁された」

という『維新土佐勤王史』の的外れな説が通説になってしまい、誰も疑わないのは、ある意味恐ろしい。

10　龍馬帰京。薩長同盟に立ち会う（慶応二年一月）

○木戸自叙

ユニオン号問題が、とりあえず片がついたため、龍馬は帰京することにした。このとき、長府藩士三吉慎蔵が同行している。三吉は槍の名手だったため、龍馬の用心棒のように勘違いする向きもあるが、京都に馴れた龍馬に用心棒は要らない。龍馬は、長府藩が時勢に取り残されることを憂い、中央の見聞を勧めたところ、長府藩は自己の身を守る技量のある三吉に事情探索の藩命を下し、龍馬に同行させることにしたのである。

一月十日に下関から乗船したが、悪天候でなんと十六日に兵庫着。陸路で十九日に伏見に入り、三吉を寺田屋に残し、龍馬は二十日に京都二本松の薩摩藩邸に入った。

一方、黒田了介の先導のもと、一月八日に入京した木戸は苛立っていた。薩摩人は、一行を歓待したものの、肝心の両藩の関係については語ろうとはしない。木戸は、薩摩藩の態度を狡猾と見て、憤然帰国を決意した。その失意の木戸の前に、龍馬が現れる。

余、空しく在留することを厭い、一日相辞して去らんとす。その前日、坂本龍馬上京て、余を尋ね来る（龍馬）。両藩の間、相誓約する所以を問う。余曰く、『一も誓約するもの無し』。龍馬、甚だ怡《よろこ》びず。怨然云て曰く、『余等の両藩のために奔走尽力するものは、決して両藩のために有らざるなり。然るに只天下の形勢を想察し、寝床もまた安んぜざるもの有り。然るに、兄等多事の際、足を百里の外に挙げ、両藩の要路互いに会同し、荏苒《じんぜん》十余日、又空しく相去らんとす。その意、実に解すべからず。区々の痴情を脱却し、何ぞその胆心を吐露し、大に天下のために将来を協議せざる』

と木戸は、後年書く。この記述は、いかにも木戸が小さく見えてしまうが、木戸本人が書いているのだから、龍馬の言葉は真実なのだろうと思われている。

だが、なにも木戸は龍馬を称えるために書いたのではない。龍馬に小事に拘泥していると指摘された木戸は、猛然と反論した。木戸は、現在の薩摩と長州の立場の違いを延々述べ、結論として、何といわれようとも、弱者の立場にある長州側からは「決して口を開くあたわず」と言い切った。

木戸がこの自叙で言いたかったのは、実はそのことなのである。

木戸史観では、幕末の最重要事件は薩長同盟だった。一度は滅亡の危機に立ちながら、薩長同盟によって蘇生し、ついには倒幕の主役となった長州藩。木戸にとって、その奇跡は薩長同盟にあったとし、自分がその中心人物であったことに、強いプライドがあった。その薩長同盟が、後世から「長州は薩摩に救われた」と解釈されてしまっては、木戸は耐え難い。木戸にとって、薩長同盟はあくまで両者対等のものでなくてはならず、

「長州は、絶対に自分の方から薩摩に助力は求めなかった」

ということを後世に伝えたかったのである。

○西郷痛罵説の真偽

木戸の演説を聞いた後、龍馬が何をしたのか、木戸は言及していない。

①ここにおいて、龍馬、余の動かざるを悟りて、またあえて責めず。
②而して薩州、またにわかに余の出発を留める。
③一日、西郷余に将来の形情図り、六条をもって将来を約す。龍馬、またこの席に陪す。

と書くのみだが、この①②の間に、『維新土佐勤王史』は龍馬の活躍を挿入する。

「ただちに西郷の許に至り、その無情を痛論せるより、西郷・大久保もために意を決し、
『然らば、この方よりあらためて同盟の儀を桂（木戸）に申し込むべし』
とて、ここに維新中興の新局面ははじめて打開せられぬ」

西郷を、幕末最大の英雄とする見方は、私の印象では昭和五十年代まで根強くあったように思う。その西郷を痛罵し、考えを改めさせたというのだから、この時龍馬は、大西郷を凌駕する「英雄」の範疇に入ったのだ。

では、『維新土佐勤王史』の龍馬神話は、だれによって伝えられたものだろうか。それは、このとき木戸の随伴者として上京し、会談に関与した土佐脱藩浪人、田中顕助（光顕）から伝わったと考えざるを得ない。

昭和十四年（一九三九）、九十四歳まで長命した田中には、多くの回顧談が遺されているが、すべてこの龍馬神話が登場する。代表的伝記『青山余影』にいたっては、『維新土佐勤王史』の記述と一語一句同じである。『維新土佐勤王史』の史料提供者が田中だから、と見ていいだろう。

では、それがはたして真実なのか、といえばこれがあやしい。長州系史料『史実参照・木戸松菊公逸話』にも田中の回顧談は収録されている。この本は、木戸の正史『松菊木戸公伝』の著者妻木忠太が、木戸に関係した人物の談話を取材年月日を明記し、詳細に解説を加えた史料本である。このなかの田中談話は、

「坂本龍馬が来たって、協定のことを促したため、ついに六か条の盟約が成立したのである」(大正七年五月七日談)

と、いうもので誇大な龍馬大活躍の記述など出てこない。

実は田中は、会談に同席していなかった疑いがある。同じく木戸に同行していた長州人品川弥二郎は、徳富蘇峰に、

「後ち、予はこれ(会談の内容)を木戸に聴いた」

と言ったという(『公爵山県有朋伝』)。「後ち」に聞いたということは、会談に同席していなかったことを意味する。長州人の品川が同席していないのなら、土佐人の田中も同席していなかったとみていい。

木戸は、会談直後の龍馬への手紙(二十三日付)に、

「今日のところにおいては(会談の内容を)、決して少年不羈の徒へ洩らし候は、遂に大事にも関

係仕り候」

と書いている。二十四歳の「少年不羈の徒」田中・品川は、まだ役不足で会談に参加させてもらえなかったのだろう。

◆徳富蘇峰（文久三年一八六三―昭和三十二年一九六七）
明治―昭和のジャーナリスト。代表作『近世日本国民史』

○西郷は無情なのか

だが、『維新土佐勤王史』以前に、同内容の記述をした本がある。明治二十九年民友社刊の弘松宣枝著『阪《ママ》本龍馬』（↓20）である。

「彼（龍馬）、これを聞きもあえず、憤然その無情を怒り、直ちに西郷吉之助に会い、色を励まし席を正しうして大に先日の失当を詰り、かつ重ねて長と左提右携の急務なるを述ぶ。西郷その理に服し、深くその不注意を謝し、その失当を詑ぶ」

しかし、残念ながら弘松は参考史料を明示していないので、弘松の記述が現実的かどうかで、事実か虚構かを判定するしかない。

弘松『阪本龍馬』も『維新土佐勤王史』も、「西郷の無情」に対して龍馬が怒ったと書くが、そもそも西郷の態度は「無情」なのだろうか。これは、

「西郷は木戸を招待しておきながら、同盟については木戸から言わせようとした」

という見方が基本にある。それが事実なら西郷はたしかに狡猾無情といえよう。世評の西郷像にふさわしくないが、一応通説になっている。だが、すでに書いてきたように、

○五月。西郷は下関に寄るつもりはなかった（↑4）。
○六月。長州の武器購入のために、薩摩名義を貸すことを西郷は断った（↑6）。
○十二月。木戸招致は西郷の指示ではなく、黒田の発想だった（↑9）。

というのが真実で、西郷の長州に対する姿勢は一貫している。木戸が上京したこの時点でも西郷には、「同盟」などという意思はなかったのだ。黒田が連れて来た木戸を歓持することで、「和解」という目的は十分果たしている。西郷を「無情」と見るのは誤解である。

また、弘松『阪本龍馬』や『維新土佐勤王史』の記述が史実だとしても、それでも私は、この逸話が坂本龍馬を称える材料になるとは思えない。なぜなら通説は、入京した龍馬はまず木戸に会っ

たという。ならば、龍馬は木戸の意見だけを聞いて鵜呑みにし、薩摩の庇護下にいる自分の立場も忘れ、薩摩方の言い分も聞かず、一方的に「西郷の無情」を罵ったことになる。それが事実なら、龍馬の態度は、「軽率」と評するしかないのである。

結論。

龍馬が西郷に会って、何かしら斡旋をしたことはまちがいない。

だが、『維新土佐勤王史』のような書き方は、創作だといわざるを得ない。明治期の、史書だか講談だかよくわからない著作によく見られる、古臭い「英雄」描写にしか思えない。

西郷が、薩長同盟に関する記事では、まったく精彩がなく、「英雄」らしからぬ優柔不断な態度に終始して、後世の首を傾げさせるのは、すべてこの龍馬の陳腐な巨像化の反作用とみれば理解できるはずだ。

11　西郷・小松・木戸会談は何日か

○一月二十一日か二十二日か

木戸と小松・西郷が、龍馬の斡旋で会談した日は慶応二年一月の何日だったのだろうか。歴史事典の類では、一月二十一日とする記述が多い。その根拠は、次のようなものである。

①『三吉慎蔵日記』

伏見寺田屋に潜んでいた三吉慎蔵の二十三日の日記に、

「過る二十一日、桂小五郎、西郷との説判約決の次第、委細坂本氏より聞き取る」

とある。

②『品川弥二郎書簡』

一年後の慶応三年一月二十二日付の品川から木戸への書簡に、

「昨年は、昨夜京師発足仕り、御供申し上げ帰国」

とある。「昨年の昨夜」とは、すなわち慶応二年一月二十一日のことになる。

③黒田了介の離京日

『木戸自叙』は、帰国時に黒田了介と村田新八が大坂まで見送ってくれたと書いている。『桂久武日記』二十一日条には、黒田が京都を出立したと書いているから、当然木戸も二十一日に京都を出発したことになる。

一方、二十二日説は、龍馬自身のメモ書き（『坂本龍馬手帖摘要』）の記述を根拠とする。肝心の二十一日は、残念ながら空白だが、

「二十二日。木圭・小・西（木戸・小松・西郷）三氏会」

「二十三日。伏見に下る」

と書かれているのだ。二十三日に伏見に「下った」のであれば、前日の二十二日には龍馬は京都にいて、木戸・小松・西郷会談は行われたことになる。なにしろ当事者の龍馬本人が書いているのだから無視しがたく、二十一・二十二日の両説が並立しているのである。

自称龍馬研究者は掃いて捨てるほどいるが、不思議なのは、すでに解決している問題（最大ものが龍馬暗殺）には無理やり謎を作って、不毛な自説を饒舌に述べるが、未解決の謎には言及せず、沈黙するのだ。

この二十一日・二十二日の謎も解けないため、みな無視を決め込んでいるが、それは固定概念に

縛られているからである。これを解くには、これまで何の考察もされず当然のように思われていた、

「木戸は、薩摩藩邸に滞在していた」

「龍馬は、入京当日の二十日に木戸に会った」

の二点を疑わなくてはならない。

○木戸は薩摩藩邸に入っていない

まず木戸一行は、どこに滞在していたのか。『木戸自叙』は、「薩州邸に至る」と書いているから、薩摩藩邸に入ったように読めるが、木戸に随伴していた品川弥二郎は、まず「相国寺の近傍の西郷の寓居」に入り、数日後に「近衛屋敷の花畑の小松帯刀邸」に移ったと語っている。

私は、品川談話説を採り、木戸たちは薩摩藩邸には入っていないと思う。木戸のいう「薩州邸」は必ずしも藩邸とは断言できず、薩摩人の邸という解釈も可能である。

薩摩人の大半は、長州藩を朝敵として嫌っており、藩邸に木戸以下八人の朝敵御一行様を招き入れれば無用な混乱を招くことは明白であり、そういう危険物は隔離するのが常識である。小松や西郷・大久保など役付きの藩士は藩邸には居住せず、市中に別邸を構えていた。西郷が、藩邸以外で木戸一行八人を収容する空間を探した場合、家老小松帯刀の広大な邸宅しか思いつかなかったはずである。

○龍馬と木戸は、二十日に会っていない

龍馬が入京したのは、『坂本龍馬手帖摘要』に、

「二十日。二本松（薩摩藩邸の意）」

と書かれているから、二十日であったことはまちがいない。では、木戸とは何日に会ったのだろうか。

通説は、龍馬が入京した二十日と決め付けている。

だが、龍馬が長州に赴いたのは、薩摩人に「広島談判」と長州藩の反応を探ることを依頼されたためである。ならば、事情探索を終えて京都に帰った龍馬がまず赴くべき所は、依頼主である薩摩人（岩下佐次右衛門あるいは吉井幸輔）の元であるはずである。木戸のことは気にしていたとしても、本来の用務より優先して木戸に会いに行くというのは順序がちがう。

また、体調面からも、龍馬が二十日に木戸に会ったとするのは疑問がある。実は、龍馬はこのとき感冒を患い、十九日夜から発熱していた。体調最悪の状態で、吉井・岩下に報告することを第一義に考えている龍馬が、その報告の後、わずかな距離ながら小松邸にいる木戸に会いに行く気力があっただろうか。可能性は五分五分だが、二十日に龍馬が木戸に会っていないと考えると、「二十一日」「二十二日」両説並立の矛盾が解けるのである。

木戸が帰国のため二十一日に京都を出立したことは、前掲品川・黒田史料から、まずまちがいない。

だが、この木戸の離京を、「小松・西郷と会談後」と考えるのが誤りなのだ。木戸は、龍馬に会う前、つまり小松・西郷と会談をすることなく出発したのである。

木戸は、薩摩人の態度に嫌気がさし、二十一日に、帰国する黒田了介ら薩摩人に同行し、大坂に向かったが、その途中京都から追い駈けて来た龍馬に説得され引き返し、二十二日に小松・西郷と会談したのである。

○龍馬と木戸は、伏見で会った？

これは、龍馬の同時代人二人が証言している史実である。その二人の証言者とは、伊藤博文と末松謙澄である。

当時木戸の忠実な弟分だった伊藤は、明治三十三年（一九〇〇）、

> 「木戸は、不十分ながら京都を去ったのである。そうすると坂本龍馬が京都におって、木戸を追い駈けて伏見まで来て……」

と語っている。この談話は、『防長回天史』編纂のため、その編者末松謙澄の質問に答えたものである。この伊藤談話を得た末松は、そこに自らの体験談を註として入れている。

「伏見にて坂本に逢い、談合の不十分なりしを語りしに、坂本がそれでは不可とて再び中間に斡旋したとのことは、予また親しくこれを木戸公に聞けり」

末松もまた、木戸本人から「伏見で木戸に会った」と聞いたというのである。伊藤の場合、慶応二年二月、木戸の長州帰国直後に聞いたものと思われる。一方、末松がはじめて『木戸日記』に登場するのは、明治九年四月二十五日だから、最晩年の木戸（明治十年五月二十六日没）から聞いたと想像できる。

木戸は十数年の時を隔てて、伊藤と末松の二人に、「坂本龍馬とは伏見で会った」と語っているのである。

結論。

龍馬は二十日に薩摩藩邸に入り、吉井幸輔や岩下佐治右衛門に「広島談判」の模様を報告したが、体調が悪く、小松邸に滞在している木戸に会う気力はなかった。

木戸は、龍馬の入京を知らず、翌二十一日早朝に黒田了介らとともに京都を出発した。同日、おそらく遅く起床した龍馬は、木戸に会おうと小松邸を訪問したところ、木戸の離京を知った。あわてて木戸を追い駈け、伏見辺りでようやく追いついた。

木戸はここで、その自叙に書かれているような、薩摩人への不満を龍馬にぶつけたのであろう。龍馬は、木戸の言い分には必ずしも同意できず呆れもしたが、なだめすかして、京都に連れ帰ったのであろう（三吉慎蔵の「説判約決」というのは、この日に木戸と小松・西郷が会ったという意味ではなく、龍馬が両者を会わせることを決めさせたという意味になる）。

木戸は、龍馬の助け舟に救われたのだが、いったん京都を去ってまた帰ったとなれば、いかにも薩摩の救済を求めた（事実だが）かのように見えることを不体裁と思い、『自叙』では、そのことを隠し、龍馬の登場を、京都出発以前に繰り上げたのであろう。

そして二十二日に、西郷と小松は、龍馬の仲介でようやく木戸の真意を知り、真の和解にいたるのである。

龍馬が、西郷を「痛罵」したというのは誇張だと思うが、たしかにこのとき龍馬は木戸を救ったことはまちがいない。

12　薩長同盟六か条

○六か条を有名にしたのは中原邦平

龍馬の斡旋で再開された木戸・小松・西郷の三者会談で「薩長同盟の六か条」が締結されたという。

①「(幕府と長州の間で) 戦と相なり候ときは、(薩摩藩は) すぐさま二千余の兵を急速さし登らし、ただいま在京の兵と合し、浪華へも千ほどはさし置き、京坂両所を相固め候事」

②「戦、自然も我 (長州藩) 勝利と相成り候気鋒これ有り候とき、(薩摩藩は) この節朝廷へ申し上げ、きっと尽力の次第これ有り候との事」

③「万一、戦負色にこれ有り候とも、一年や半年に決して潰滅いたし候と申す事はこれ無き事につき、その間には必ず、(薩摩藩は) 尽力の次第、きっとこれ有り候との事」

④「これなりにて幕兵東帰せしときは、(薩摩藩は) きっと朝廷へ申し上げ、すぐさま冤罪は朝廷より御免じに相成り候都合に、きっと尽力との事」

⑤「兵士をも上国の上、橋会桑 (一橋慶喜・松平容保・松平定敬) なども只今のごとき次第にて、もったいなくも朝廷を擁し奉り、正義を抗し周旋尽力の道を相遮り候ときは、(薩摩藩は)

終に決戦に及ぶ候ほかこれ無くとの事」
⑥「(朝廷が長州藩の）冤罪も御免じの上は、双方（薩長両藩）誠心をもって相合し、皇国の御ために砕身尽力仕り候事は申すにおよばず、皇威相耀き御回復に立ち至り候を目途に、（薩摩藩は）誠心を尽くし、きっと尽力仕るべくとの事」

これは帰国のため大坂に下った木戸が、二十三日に龍馬に送った書簡の中に書かれているものである。この書簡は明治三十年頃、木戸家から発見され有名になった。木戸発信の書簡が木戸家に存在していた理由は、木戸が、

「この六か条を熟覧して、まちがいがあるなら訂正して、この書簡の裏に書いて返送してほしい」

と、執拗に依頼したため、龍馬がこの書簡の裏に朱筆で、

「表に御記なられ候六か条は、小西（小松・西郷）両兄及び老兄（木戸）・龍（龍馬）等も御同席にて議論せし所にて、いささかも相違これ無く候。後来といえども、決して変わり候事これ無くは、神明の知る所にござ候」

と書き、二月六日に木戸に返送したからである。伊藤博文は、明治三十三年に、

「その書面を吾輩いっぺん見たが、木戸の家に存在しているだろう」

と語っている（『維新風雲回顧録』）が、この書簡を最大限に利用したのが中原邦平である。想像力の豊かな中原は、自らの創作を加えた演劇「薩長同盟」を多くの著書で語っている。

「薩長同盟」とその仲介者坂本龍馬を有名にしたのは、実は中原だった。土佐系史料は、中原に便乗したにすぎない。

ちなみに、この書簡には「尽力」という言葉が七回出て来るが、何に「尽力」するかというと、長州が朝敵とされた「冤罪」という汚名を晴らす尽力をしてほしいというもので、いわゆる軍事同盟ではない。

○龍馬裏書の真実

この裏書きをもって、通説は龍馬を、「薩長二大雄藩の同盟の保証人」とするのだが、本来こういう表現はおかしい。

龍馬の裏書は、「木戸からの私信」に、「木戸が書いた六か条」はまちがいないと、「木戸に対して」保証しただけで、そこにまったく薩摩人は介在していない。ここに、西郷・小松の署名があってはじめて「保証人」という表現は許されるであろう。

内容的にも、一方的に薩摩藩が長州藩の「朝敵という冤罪」をはらすことを「尽力」するということばかりで、まったく長州主観によるものである。強者が弱者に誓う――これを同盟とか連合といえるのだろうか。

そもそも「龍馬の保証」に、どのような力があるのだろうか。たとえば、薩摩藩がこの六か条に背いて行動した場合、木戸はそれを龍馬に訴える、とでもいうのだろうか。龍馬に訴えたところで、どうなるものでもない。

木戸が龍馬に署名を求めたのは、長州藩上層部への報告のためと考えるべきである。木戸は、藩命で上京して来ている。帰国後は当然、出張報告とその成果を藩に提出しなければならない。だが、随行した長州人は、西郷・小松との会見にだれも立ち合っていない。これでは、木戸が何をしてきたか証明するものは何もない。

薩摩人に一筆書いてもらえばそれで済む話だが、木戸がそれを頼んだかどうかわからない。木戸は言えなかったのか、言ったが薩摩人が拒んだのかは不明だが、結局書いていないということだけが真実である。

やむなく、木戸は薩摩の代理人として、龍馬に証明を求めたというわけである。龍馬は土佐人だが、立場的には長州では薩摩人と思われていたから、龍馬の証明で十分事足りたのである。

ただし、木戸は文章構成に多少の策を弄している。六か条を見た場合、第一条だけ内容が浮いているのだ。第二条から第六条までは、「冤罪」をはらす「尽力」をするという内容だが、第一条は、薩摩藩の幕長間の戦争参加を謳っている。

木戸は、いまの薩摩藩が長州藩と軍事同盟を結ぶような気がないことは、身にしみてわかっていたが、長州藩政府がそれを望んでいたため、木戸は冒頭にこの文章を持ってきて、文書全体をそう見せかけたのだ。現に昭和六十年頃まで、この文書は軍事同盟と見られていたのだから、木戸はやはり曲者である。

これは、この文書は木戸の捏造という意味ではない。第五条にあるように、ある条件を満たした場合、薩摩藩は軍事を発動するという発言は、たしかに西郷の言質を得たのだ（『吉川経幹周旋記』）。木戸は、西郷の発言のカケラを編集して、長州藩への報告書を作成し、立会人の龍馬に証明を求めたのである。まったくの木戸主観の文書だが、内容に嘘はないので龍馬は、「まちがいない」と書いたのだが、もし薩摩人が読めば異論があったに相違ない。

こう考えると、木戸はあえて薩摩人には見せなかったとも考えられる。龍馬は、木戸の思惑に乗せられたのだが、後世には「薩長同盟の証明者」と誤解されたのである。

◎第一章——結論

薩長同盟における龍馬の名声の大部分は、木戸によってその礎石が創られたものである。

慶応二年一月の薩長同盟最大の功労者は、中岡でも龍馬でもなく、黒田了介とみるのが妥当である。中岡は確かにだれよりも先に運動はしたが、ほとんど効果がなく、龍馬にいたっては何もしていない。やはり浪人では大国を動かすことはできなかったのである。正真正銘の薩摩藩士の黒田が長州を訪問したことで、長州人は真剣に薩摩人との和解を検討したのである。

だが、黒田の役割は木戸を京都に案内することで終わっており、木戸が最後の場面で登場した龍馬を異様なほど持ち上げたため、何もかも龍馬の功績になってしまった。

これは、木戸の弟分の井上馨・伊藤博文が、木戸史観に随従したことも大きい。井上は、

「薩長連合の周旋の根本は、坂本龍馬・石川清之助（中岡慎太郎）である」

と断言している。このため、中原邦平・末松謙澄など長州系史家は素直に信じたのであろう。

だが、回顧談は過去の事実を正確に伝えるものではなく、現在の立場によって大きく左右される。黒田了介こと清隆は、明治政府で薩摩閥の巨魁として、井上・伊藤の対抗勢力だったため、意図的に黒田の功を無視したのかもしれない。井上は、酒乱の黒田にピストルを突きつけられたこともあ

る（明治二十二年）。

この井上・伊藤談話をもとに、長州御用史家の中原邦平が「演劇・薩長同盟」を書きまくり語りつくし、そこに土佐系著述家が便乗して、ついに龍馬伝説・神話が成立した。

龍馬の実像を知るには、土佐系史料よりも長州系の古典的史料を熟読した方がいいのかもしれない。客観的な龍馬像に、新たな発見があると思う。

第二章　海援隊

13　清風亭会談（慶応三年一月）

○なぜ後藤と会ったのか

文久二年に脱藩した龍馬は、結局五年後の慶応三年（一八六七）に土佐藩へ復籍する。龍馬が土佐藩に回帰することとなった契機は、慶応三年はじめ長崎で、土佐藩参政・後藤象二郎と会談したことにある。会談の場所となった榎町の料亭の名前をとって、「清風亭会談」などといわれているが、通説はこの会談を、龍馬の懐の大きさをあらわす好例として紹介している。

それは、会談前の龍馬と後藤は仇敵の間柄だったが、天下国家のため旧怨を捨てて握手したと解釈されているからである。これは例の武市半平太との関係による。

吉田東洋暗殺（↑1）後、武市は中央政界にも進出し、一時期時代の寵児となった。だが、武市の全盛期はわずか一年余で終息する。長州藩が世間に容れられず、京都政界から追放（堺町御門の変）されると、武市の地位もまた失墜。土佐に帰国した武市は、吉田東洋暗殺の示唆者という一犯罪者に転落した。

落日の勤王党を裁いた検察官が、吉田東洋の妻の甥にあたる後藤象二郎である。獄中三年余、武市は慶応元年閏五月五日に死刑に処せられた。龍馬が、下関で桂に会っていた頃である（↑5）。

このことをもって、龍馬は武市に死罪を命じた後藤とは、不倶戴天の関係にあったと見るのが、『維新土佐勤王史』以来の通説なのである。

私は、龍馬は武市についていけず脱藩したと思っているから、後藤にそれほどの敵愾心は持っていなかったと思うが、やはりいい感情は持っていなかったであろう。必要がなければ、後藤に会うことはなかったはずだ。では、なぜ会ったのか。

『維新土佐勤王史』によると、龍馬は後藤との会見後、同志（いわゆる亀山社中員）に感想を問われ、

「彼と我とは、昨《きのう》までは刺せば突こうという敵同士なるに、あえて一言も既往の事に及ばず。ただ前途の大局のみを説くるは、すこぶる要領を得たり」

「また酒座の談柄をば、いつも自己を中心にするようにひき向けるところは、なかなか才気に富めり」

という二点をあげて、後藤を褒めたという。

龍馬が、初対面の後藤に好意をもったことはわかった。だが、そもそもなぜ、「刺せば突こうという敵同士」の両人が会うことになったのか。この素朴な疑問について、『維新土佐勤王史』は何の説明もせず、

「後藤は……坂本を清風亭へ招待する事とはなりぬ」

「坂本も……多少戒心を抱きて、その招きに応じたる」

と書くのみである。これでは、後藤が招待し龍馬がそれに応じたように読めるから、後世はこの記述を、

「後藤が、龍馬を招いた」→「後藤の方から、龍馬に接近した」

と解釈している。つまり、龍馬を格上と見るのだ。

○会談ではなく面接だった

だが、常識的に考えれば真逆ではないだろうか。土佐藩という小世界の中でも後藤は上士、龍馬は郷士という格差があったが、この時期龍馬は世間的信用がまったくない浪人にすぎない。対する後藤は、土佐藩参政という高級身分に昇進。以前にもまして格差がついた両者が会うとなれば、それは「会談」などではなく、後藤が龍馬の面会を許したとみるべきではないか。ならば、龍馬が後藤によって設定された面接会場に赴くのは当然なのである。

ところが後藤は、面接官として奢ることなく対等の立場で接し、事前に調査して、座に龍馬の馴染みの芸者を呼ぶという気配りもみせた。この好待遇に龍馬は気をよくして、後藤を褒めたのであろう。

『維新土佐勤王史』は、土佐勤王党の顕彰のために編纂された本である。後藤が龍馬を必要とし

て接近したのなら、はっきりそう書くはずである。それが、両者の会談理由については書いていないのは、書けない事情があるというほかはなく、龍馬が、「戒心を抱きて」も後藤に会ったのは、会わざるを得ない状況にあったからであろう。

私は、「清風亭会談」は龍馬の方から望んだものであり、その理由は、彼が率いる社中の経済的苦境という点が最大のものだったと思う。

薩長同盟によって、龍馬の薩摩藩における政治的役割は終了した。龍馬を介さなくとも、薩摩人は長州へ入国することができるようになったからだ。また社中員の技術も、すでに薩摩藩海軍にとって必要ではなくなっていた。龍馬は、自分の手で社中の連中を食わせねばならなくなったのだ。

ところが、慶応二年後半の社中は、商売道具であるはずの船舶を一隻も所有していなかった。薩摩藩の援助で購入したワイルド・ウェイブ号は長崎出航直後の五月二日、五島沖で沈没。薩摩藩から借用していたユニオン号は、六月、第二次長州征伐勃発の際、元々の購入主である長州藩に引き渡した。

長崎に帰った龍馬は、長府藩士三吉慎蔵にあてて、苦境を綿々とつづっている。

「長崎に帰りましたが、乗り換える船はなく、泣く泣く水夫たちに暇を出すことになりました……。泣く泣く立ち去る者あり、いつまでも死ぬまでともにしたいという者もあり。結局去ったのは二、

三人で、大方の者は死ぬまでも（ついてゆく）というので、困りながらも薩摩までつれて帰りました」（七月二十七日付）

船がなくては仕事にならず、金のない素寒貧の龍馬だが、人望だけは有り余るほどあった。「あの世までいっしょに」とまで慕われた龍馬は、何とか彼らを食わせていかなくてはならないという悲痛な状況に追い込まれていた。

龍馬は、薩摩人の五代才助が企画して長州藩に持ち込んだ壮大な「馬関商社計画」に参加しようとしたり、長府藩に丸ごと抱えてもらおうと売り込むなど、自活の方策を求めて運動したが、すべて不調に終わった。

14　龍馬再生の大恩人。溝渕広之丞と武藤颿《はやめ》（慶応二年十一月）

○龍馬の履歴書

苦境の龍馬を救ったのは、溝渕広之丞と武藤颿という二人の土佐人である。溝渕は十三年前の嘉永六年（一八五三）三月、龍馬が十九歳ではじめて江戸に上ったときの同行者（異説あり）といわれる郷士。武藤は、龍馬より一歳年長で上士「御馬廻」出身。身分にこだわりのない人物で、龍馬の江戸留学時期に交流があった。この二人の旧友が、慶応二年十月の長崎で龍馬に邂逅するのである。

溝渕は、この時期から「砲術修業」兼「探索方」という名目で長崎に派遣されていたから、脱藩者龍馬の捜索もあるいは職務の範疇だったかもしれない。ともあれ、溝渕と龍馬は（記録上では）、実に十三年ぶりに再会した。

通常こういう場合は、おたがいの近況を述べ合うものである。溝渕は、正直に現在の自分の地位と任務を語ったと思われるが、問題は龍馬の方である。龍馬が何と語ったかはわからないが、実情は、明日が見えない根無し草。軽格とはいえ歴とした土佐藩士の溝渕が、感心できるようなものではなく、龍馬の現状と将来に不安を覚えたと考えてよいのではないか。

その後しばらくして、龍馬は長崎市中で武藤を見かけた。上士の武藤は、藩の要職を歴任。この時期は「軍艦局頭」、つまり土佐藩海軍のトップとして長崎に赴任して来ていた。

かつては、身分差を超えて親しい時期もあった武藤だが、その後勤王党と上士の確執を経た現在では、龍馬としては、油断のできない存在として警戒せざるを得ない。さらに龍馬には、脱藩という負い目がある。武藤に見つかれば、そのことを責められるのではないかという煩わしさがあり、気づかぬふりをして通りすぎた。

だが武藤は龍馬に気づいていた。自分を避け、逃げるように消えた龍馬に何を思ったか。溝淵と武藤のあいだで、龍馬のことは話題になった。武藤は、龍馬を追い詰める気はなく、経済的に困窮している疑いのある龍馬の境遇を心配したらしい。

土佐藩士武藤と溝淵が、旧友龍馬の幸福を考えたときに出る結論は決まっている。彼らの生活基盤である土佐藩に帰らせ、安定した生活を勧める以外の発想はない。

だが、二人は自分たちの考えを龍馬に強制しなかった。龍馬本人の意志を尊重し、龍馬の心境を知るために、龍馬自身の口から二人の知らない龍馬の過去と現在を語らせ、そのうえで将来の展望を聞く必要があると考えた。武藤は自分を避けた龍馬の心情を慮り、溝淵にその役割をまかせ、溝淵は再三龍馬を訪問し、その存念を文章にして書くよう勧めるのである。溝淵の求めに応じて、龍馬はその想いを書いた（慶応二年十一月日欠）。

「先日御聴きに入れ候小弟志願、ほぼ相認め候間、御覧に入れ候。

小弟、二男に生まれ、成長に及ぶまで家兄に従う。

上国に遊びし頃、深く君恩の辱を拝し海軍に志あるをもって、官に請い、爾来殴心刻骨（註・粉骨砕身の意か）。その術を事実に試みんとせり。

独りいかんせん、才疎かに識浅く、しかのみならず困窮資材に乏しきゆえに、成功速やかならず。然るにほぼ海軍の起歩をなす。これ老兄（溝淵）の知るところなり。

数年間東西に奔走し、しばしば故人に遇うて路人の如くす（註・武藤に出会ったが知らぬ顔をして通りすぎたこと）。

人、誰か父母の国を思わざらんや。然るに忍んでこれを顧みざるは、情のために道を乖り宿志の蹉跌を恐るるなり。志願はたしてならずんば、また何のためにか君恩を拝せん。これ小弟長く浪遊して仕禄を求めず、半生労苦辞さざるところ。

老兄は小弟を愛するものゆえ、大略を述ぶ。お察し下さるべく候」

「君恩」と二度も書き、自分の脱藩その後の修業は、いずれ土佐藩へ還元するためのものだと土佐藩への忠誠を強調する。こんな「らしくない」手紙を書いた理由は、言うまでもなく、溝淵から回覧されて見るであろう武藤、さらにその背後の土佐藩を意識しているからである。

溝渕・武藤の想いとしては、「土佐藩就職のための履歴書」を書かせたかったのであろうが、龍馬本人は気が進まず、微妙な内容になった。坂本龍馬直柔、このとき齢すでに三十二。当時の感覚からいえば、初老に近い。しかしなお、自分の夢を捨てきれない。龍馬は、二人の友情に感謝はしていたが、土佐という狭い世界に帰る気はなく、まだ自分の夢を追いかけたかったのである。

溝渕と武藤は、龍馬の心情を鑑み、龍馬がまだ長崎で好きなことを継続し、なおかつ経済的に困窮しない方策を考えてやるのである。それは、現在長崎にいる土佐藩の権勢者「後藤象二郎を頼れ」という結論だった。こうして龍馬は、二人の勧めにしたがい、後藤と会うことを決意したのである。

龍馬が、溝渕・武藤の配慮に感謝していたことは、長兄権平あての書簡（十二月四日付）に、二人について、

「旧友のよしみは、またかたじけなきものにて候」

と書いていることでわかる。

溝渕広之丞と武藤颿。この二人こそ龍馬再生の大恩人であり、龍馬伝に絶対欠かしてはならない人物といえよう。

○木戸の威を借る龍馬

溝淵・武藤の尽力により、後藤への「面接」のお膳立てをしてもらった龍馬。だが、脱藩後苦労を重ねた龍馬が、ただ漫然と後藤に会うはずはない。龍馬は会談に先立ち、溝淵を誘い木戸に会いに長州へ向かった。

文久年間の土佐藩は、武市半平太がテロで藩を脅迫する形で、長州の久坂玄瑞の反幕路線に同調していたが、武市が失脚すると、本来の親幕路線にもどった。藩主山内豊範の夫人は、長州藩主の養女だったが、離縁し長州との関係を絶った。

龍馬は、この関係を修復したいと思っていたし、木戸も望んでいると見ていた。溝淵は、小身者にすぎないが、ともかく「現役土佐藩士」であるという点を木戸は重視するはずだと読んでいたのである。

案の定木戸は、不意の客である龍馬と溝淵のために、時間を割いて会い、現在の土佐藩の姿勢を憂い、文久年間の長州・土佐両藩の蜜月時代の復活を望み、さらに薩摩とも「合体」することを勧め、「薩長土三藩連合」の実現を熱く語った。

溝淵は下関で龍馬と別れ、十二月二十九日頃長崎に帰り、後藤に長州潜入の一件を報告し、

「いずれ来る御一新に、土佐藩がのりおくれないよう、薩摩藩と提携するべきだ」

という木戸の提言を伝えた。

後藤は、これまで天下国家などには関心がなかったが、第二次長州征伐で、幕府軍が長州藩に勝てず撤兵した事実の前には、さすがに考えるところがあり、「負けなかった長州藩」の首脳格、木戸の言葉は傾聴するに価した。溝淵は、そのことはさらにくわしく「木戸の友人」坂本龍馬が説明すると報告したに相違なく、後藤は龍馬との会談を快諾した。

これが、龍馬の長州訪問の目的だったのだ。龍馬は、「長州の木戸の意見を伝える」という立場で後藤に会ったのであり、後藤が龍馬を丁重にもてなしたのは、ここに理由がある。

○後藤の思惑

しかし後藤は、ただ天下国家のために、「木戸の代弁者」龍馬に会ったというわけではなく、個人的事情が大きい。

武市半平太と勤王党退治で容堂に見込まれた後藤は、順調に昇進。この時期は「開成館長崎出張所」(土佐商会)開設のため長崎に赴任（慶応二年七月二十五日長崎着）していた。

本来土佐藩の財政振興のために設立された「開成館」だが、後藤の商法は放漫経営の典型で、記録されているだけでも、オールトという一商人から十八万両という巨額の借金を背負っている。しかし、後藤はそれも省みず、連日連夜、巨額の交際費を蕩尽し豪遊を重ねるという、まさに役人天国の実践者として出張生活を謳歌していた。常識では計れない、平たく言えばデタラメな人物である。

その後藤が、多少気がかりだったのは、武市半平太分派の龍馬一党が長崎にいたことである。経済的に恵まれているように見えない彼らが、派手に豪遊する「武市の仇」である自分を、私憤公憤で自棄になって襲う可能性がないともいえない。

そこに溝淵広之丞が、龍馬の庇護を申し込んできた。後藤にとっては、願ったりかなったりである。「敵」の本丸である龍馬を懐柔してしまえば、長崎での後藤の身の安全は保障される。多少の資金援助（しかも自腹ではなく公金！）で済むのなら、安い買い物であろう。後藤が龍馬との会談を快諾するのは、当然だったのである。

15「清風亭会談」は、何月何日か（慶応三年）

○一月十二、三日説を疑う

ところで、「清風亭会談」は、慶応三年の何月何日のことであったのだろうか。現在、「一月十二日あるいは十三日」と限定する説が定着しつつあるようだ。それは、龍馬の「一月十四日」付の木戸あて書簡に、後藤との会談について言及しているからである。

「一筆啓上仕り候。益御安泰成さるべくござ候」

①「然るに、先頃は罷り出で、段々お世話有り難き次第、万謝奉り候」

②「その節、溝淵広之丞に御申し聞き相願い候事件を、同国の重役後藤庄次郎一々相談候より、よほど夜の明け候気色。重役ども、また密かに小弟に面会仕り候ゆえ、十分論じ申し候」

③「この頃は、土佐国は一新の起歩相見え申し候。

その事どもはくわしく差出候。中島作太郎に申し聞き候間、お聞き取り遣わさるべく。

もとよりこの一新も、誠に先生のお力と拝し奉り候ことにござ候」

④「当時にても、土佐国は幕の役には立ち申さずくらいのところは、相運び申し候。

今年七、八月にも相成り候えば、ことにより昔の長薩士と相成り申すべくと相楽しみおり申し候。その余、拝顔の期、万々申し上ぐべく候。稽首々々。

十四日　龍馬　木圭先生　足下」

⑤「追白。

溝淵広之丞より差出し候品物は中島作に相頼み申し候間、お受け取り遣わさるべく候。彼の広之丞、誠に先生のご恩を感じ、実にありがたがりおり申し候。

再拝々々」

十二月に山口で木戸と会談した龍馬が、長崎に帰って来たのは一月十一日である。その龍馬が、一月十四日付の書簡に後藤との会談を書いているのなら、当然会談日は、十二日か十三日に限定されるというわけだ。

だが、この書簡の末尾には、「十四日」としか書かれていない。これを、昭和の龍馬研究家の大家である平尾道雄・宮地佐一郎が、そろって「慶応三年一月」のものと推定したため、以降「一月」説が定着してしまったが、実はこの書簡は「二月」十四日のものなのである。

この書簡で龍馬は、
「この頃は、木戸先生のお力で土佐の一新の起歩が見えてきました」
と書いている（③）。この書簡が一月十四日のものならば、清風亭会談の時点ですでに、「木戸の力」で「土佐の一新の起歩」が見えていたことになる。

しかし溝淵が長崎に帰ったのは、十二月二十九日であり、当日すぐ後藤に会って木戸の言葉を伝えたとしても、一月十四日まで二週間しかない。この二週間に土佐藩が「一新の起歩」をしめすような変化を起こした事実は無い。

○龍馬書簡は木戸書簡への返信だった

また、この龍馬書簡を、中島作太郎（信行）が木戸に届けている（③⑤）ということからも「一月十四日」説は否定される。

のち海援隊に参加する中島は、この以前から龍馬の傍にいたように思われているが、三年前の元治元年に土佐を脱藩して長州に身を投じてから慶応三年一月十一日まではまちがいなく長州にいた（一月十一日付・広沢真臣書翰）。その中島が、一月十四日に長崎の龍馬から木戸あての書簡を託されるはずがない。

この時期、イギリスに秘密留学していた遠藤謹助という人物が長州藩に帰国している。遠藤のもとには、海外事情を聞きたがる者、あるいは留学を希望する者が殺到したが、中島もその一人だった。この経緯で木戸にその名を知られた中島は、木戸から長崎行きを命ぜられた。しかしそれは留学のためではなく、木戸から「土佐人」という点を見込まれた用務、すなわち龍馬への書簡を依頼されて赴いたのだ。その木戸から龍馬あての書簡とは、「慶応三年一月十五日付」のものである。

「その後、御国の御様子いかにござ候や。何とぞ何とぞ御回復御振興これありたく、ひたすら祈念奉り候。いよいよ御一新に候わば、薩など御合体候わば、また別段の御事と天下のため存じ奉り候事にござ候」

木戸は、土佐藩の状況情報を欲し、土佐藩が以前の武市勤王党時代のように長州藩と提携することを望み、土佐藩が「御一新」した暁には、さらに薩摩藩と提携することを勧めている。

先の十四日付龍馬書簡の内容を読みくらべてみると、龍馬の書簡は、この木戸書簡に対する返事であることがわかる。つまり、山口の会談後、先に手紙を書いたのは木戸の方であり、龍馬の書簡はこの「一月十五日」付の木戸書簡に対する返信だったのである。その返信が「一月十四日付」のものであるはずがない。

さらに傍証として、「二月十六日付」（推定）の龍馬から三吉慎蔵あての書簡がある。

「その内、土佐国の勢いがよほどなおり、長崎に出でたる参政後藤庄次郎ども、小弟に面会。十分議論いたしたりしに、大におもしろき勢い。当年七、八月の頃には、土佐も立ちなおりて、昔日の長薩土となりはすまいかと相楽しみ申し候」

龍馬から木戸あて書簡の②④部分と酷似している。これだけ似た文章を一か月経て書いたと考えるよりも、同月に書かれたものと推定する方が自然である。

以上、この書簡は、「一月十四日」のものではなく、「二月十四日」のものである。たとえ「清風亭会談」が一月十二日、十三日だったとしても、この書簡はその直後に書かれたものではないし、逆にこの書簡を理由に、「清風亭会談」が一月十二日、十三日とすることもできない。「清風亭会談」は、②と③の間の一月中旬から二月上旬というほかはなく、一月十二、三日と限定する近年の龍馬年譜は誤りであり、訂正すべきであると提言する。

16　竹島開拓計画（慶応三月二月・三月）

○慶応三年二月・三月の龍馬

清風亭会談で、意気投合した龍馬と後藤象二郎。だが、それは互いの思惑のために一時的に握手したにすぎず、龍馬の日常にさほど劇的な変化があったわけではない。会談後、後藤からいくらかの援助は受けたであろうが、それは社中全体を救済するほどのものではなく、龍馬は依然として自活の道を探し求めていたはずである。

清風亭会談から四月に海援隊隊長に任命されるまでの二か月間の龍馬は、何をしていたのであろうか。

この時期の龍馬について、

「龍馬は、蝦夷（北海道）開拓を試みた」

などと書かれている本を見かける。龍馬に蝦夷開拓の願望があったことは事実だが、この時期試みたというのは明らかに史料の読み違いである。実際には、山陰沖に浮かぶ「竹島」開拓だった。

現代、竹島といえば、韓国との間で延々領有権を争っている島根県隠岐島北西一五七キロの二つの小島をさすが、龍馬の時代の竹島は、現代韓国領の鬱陵島のことをさす。この島は、李氏朝鮮

（一三九二―一九一〇）政府が一八八一年（明治一三）まで無人島政策をとったため、龍馬の時代の日本人は、日韓どちらの所有に帰すか認識が曖昧だった。龍馬は、この島に関心を抱き、自らの手で開拓しようとしていたのである。

このことは、慶応三年三月六日付の印藤聿《のぶる》あての書簡を読めば明らかなのだが、通説が無視してきたのは、日本海の孤島竹島開拓より、広大な蝦夷地開拓の方がスケールが大きいから、龍馬の巨像化のために解釈を枉《ま》げてきたというほかはない。

龍馬が、山陰沖の竹島に関心をもつようになったのは、やはり木戸の影響と思われる。長州藩は、幕末初期の時代から、この日本海の孤島に注目していた。最初にこの島の開拓を主張したのは興膳昌蔵という長府藩の典医である。興膳は、竹島開拓をしきりに唱えていたが彼の所属する長府藩は興味をしめさず、これにとびついたのは、萩藩士の吉田寅次郎すなわち松陰だった。海外伸張主義の松陰は大乗り気で、この企画を当時江戸遊学中の友人桂小五郎（木戸）に知らせ、幕府の許可を得るため運動するよう説いた。安政五年（一八五八）六月のことだから、この時期から八年半前のことである。

桂は松陰の指示に従い、当時幕府機関の「蕃書調所」に在籍していた長州藩領出身の村田蔵六（大村益次郎）を通じて、幕府に打診した。だが、当時の緩慢な行政処理のためか、その許可までに一年余りかかり、その間、肝心の長州藩上層部が、「利が薄い」とみて意欲を失ったため、この企画は自然消滅してしまった。

このように長州藩ではいったん消滅した竹島開拓計画が、慶応三年、龍馬によってふたたびよみがえったのである。おそらく、慶応二年十二月に龍馬と溝淵が木戸を訪問したとき、木戸が、フロンティア精神旺盛な龍馬に、

「長州では、過去こういうこともあった。ひとつやってみてはどうか」

と勧め、龍馬もまたその気になったと考えられる。

○長府藩に持ち掛けるも失敗（慶応三年三月）

龍馬は、木戸から示唆された竹島開拓企画を、長州藩の支藩の長府藩（五万石）にスポンサーになってほしいと持ち掛けた。

龍馬は長州藩訪問の際、ほとんど下関に滞在していて、長府藩士に知己が多かった。下関市長府博物館所蔵の『長府と坂本龍馬』という文書には、龍馬が交友した長府人の列伝が書かれているが、その中でももっとも世話になったのが、阿弥陀寺町の「大年寄」（資産家の町人で、一種の民政権をもつ）伊藤助太夫だった。

伊藤家は、二千坪の広大な屋敷で部屋数は二十ほどもあった。その一室に長州の書家、岡三橋筆の「自然堂」という扁額を掲げた部屋があり、龍馬はこの部屋を下関滞在時の定宿としており、彼の有名な雅号「自然堂」はこの部屋に因む。この伊藤家を「海援隊下関支店」などと書くファンもいるが、悪ノリも甚だしい。

龍馬は、慶応三年二月から三月にかけてこの伊藤家に滞在し、三吉慎蔵・印藤聿ら長府藩士に竹島開拓の重要性を説き、彼らを通じて長府藩上層部にこの企画を提出した。そしてそれは、長府藩家老格の三吉周弼の耳に届き、一度は龍馬自身が面会して好感触をもった。

三吉周弼は、龍馬との会談時には結果を保留し、今一度会談して結論を出したいと言った。だが、龍馬が待ち望んだ二度目の会談はついになく、龍馬の耳に入ってきたのは、

「三吉総督は、陸軍より海軍を偏重しているのではないか」

という長府藩士の不満の声であった。

三吉周弼は、長府藩報国隊の総督と満珠艦の艦長を兼任しており、長府藩の陸海軍の総帥的地位にあった。しかし最近では、海軍にかかりきりではないかと陰口をたたかれていたのである。この「海軍偏重」のなかには、竹島開拓のことも含まれている。

「長府五万石が、脱藩浪人坂本某のあやしげな企画に出費するのは軽率ではないか」

と批判されたのではないだろうか。結局三吉は、この後四月に艦長職を解かれて、海軍から遠ざけ

られてしまった。

龍馬にとって、長府藩の離脱は痛恨だった。すでに竹島行きのために、伊予大洲藩から蒸気船「いろは丸」の短期レンタル契約を交わしていたからである。

以上の内容は、龍馬が印藤聿に送った大長文の手紙（三月六日付）をよるものだが、この手紙は、龍馬書簡の中で二番目に長い。これだけ長い手紙を書いた理由は、要は資金援助のためだった。

「（長府藩からの援助が見込めず）僕一身でこの行を成しとげるには、また金が必要です。今手許には少々はありますが、できることならば、四百両ほど十か月の期限にてお借りしたい。ご尽力くだされば、こんな大幸はありません。よろしくお願いいたします」

印藤から四百両借用することに成功したかは明らかではないが、龍馬はおそらく悲愴な思いで長崎に赴いたと思われる。

だが、ここで龍馬は、人生最大の転機を迎える。後世、彼の代名詞となる「海援隊隊長」という地位に任命されることになるのである。

17　海援隊発足（慶応三年四月）

○「世界の海援隊」は、お龍の発言

有名な逸話がある。

徳川慶喜が大政奉還（十月十三日）を宣言した直後、龍馬と西郷が来るべき新政府の人事について協議した。そのとき龍馬が提示した案には、龍馬自身の名前がなかった。西郷がその理由を尋ねたところ、次のような会話が交わされたという。

（龍馬）『僕は役人を厭う。時を定めて家を出で、時を定めて帰るなどは僕の耐えるざるところなり。土佐いかに小国といえども、役人たらん者は他に多かるべし』
（西郷）『然らば、官職を外にして何をかなす』
（龍馬）『左様さ。世界の海援隊でもやらんかな』

「世界の海援隊」伝説である。逸話の信憑性を高めるためか、海援隊出身の伯爵陸奥宗光の談話で補足する場合もある。

「龍馬あらば、今の薩長人など青菜に塩だね。維新前、新政府の役割を定めたる際、龍馬は世界の海援隊云々と言えり。この時龍馬は、西郷より一層大人物のように思われき」

だが、この有名な逸話は現代では、史実とは捉えられていない。

双方とも、実は同じ本（『坂本龍馬』千頭清臣・大正三）に記載されているものであり、この記述以外にこの時期西郷と龍馬が会ったという客観的な史料はなく、陸奥談話もいつの時点のものかまったくわからないのである。

また、晩年の龍馬にわずかに接触した尾崎三郎（三条実美家士）の自叙伝では、慶応三年十月十四日（大政奉還奏上の翌日）尾崎は、龍馬と新政府の役職・人員を協議したというが、その中の「参議」という職掌の候補として、

「暗に小松・西郷・大久保・木戸・後藤・坂本・三岡八郎・横井・長岡良之助等をもってこれに擬す」と書いている。候補の一人「坂本」とは龍馬のことだから、龍馬は新政府に参画する意思があったと見られているのだ。

もっとも、いくら尾崎がそう書いていても、必ずしも龍馬自身が望んだとはかぎらないのだが、坂崎紫瀾（小説『汗血千里駒』で龍馬を世間に知らしめた）などが過剰に反応し、後に編纂に携わっ

た『坂本龍馬海援隊始末』『維新土佐勤王史』で、この史料を引用しつつ、「坂本」という文字を削除するという史料の改竄をしたため、逆に注目をあびてしまったのだ。

しかしたとえ創作にせよ、「世界の海援隊」は、龍馬を一言で表現する稀代の名コピーだと思うが、千頭清臣の純粋創作ではなく、龍馬夫人（お龍）の回顧談が原型らしい。

『汗血千里駒』で有名になった龍馬のファンが、明治三十年代に、横須賀で晩年を過ごすお龍を発見し、何度かインタビューを試みている。

○「一戦争済めば、山中に這入って安楽に暮らすつもり。役人になるのは、おれは否《いや》じゃ」
（『千里駒後日譚』川田瑞穂）

○「『お前は船が好きじゃから、天下が鎮静して王政復古の暁には、汽船を一隻造《こしら》えて日本沿岸を廻ってみようか』
『はい。妾《しょう》（女性の一人称）は家なぞはいりませんから、ただ丈夫な船があれば沢山。それで日本はおろか外国の隅々まで廻ってみとうございます』」
（『反魂香』安岡秀峰）

この回顧談を見るかぎり、龍馬は、俗世を離れて気楽な隠遁を望んでいたようであり、「世界の海援隊」を望んでいたのは、むしろ夫人の方で、龍馬よりスケールが大きかったように見えるのが面白い。

○海援隊の創設者は、福岡藤次か

亀山社中の創設者は薩摩藩士小松帯刀だが（↑3）、社中の後身の海援隊こそ、まちがいなく龍馬が創設者かといえば、これもまたそう言い切れない。

海援隊に少し後れて中岡慎太郎を隊長とする陸援隊が創設される。両者の隊名は、「海陸から土佐藩を援《たす》ける」という意味で、いかにも土佐藩の外郭団体という趣がある。おそらく福岡藤次の命名であろう。その意味で、福岡が海援隊の創設者という見方もできる。

福岡藤次本人の生家は百八十石だから、特別家格が高いわけではないが、本家の「福岡宮内家」は山内家代々の家老職で三千三百石を食む。福岡にとって龍馬は、「脱藩人」以上の認識はなかったであろうが、その福岡が龍馬を必要とし、土佐藩に復籍させ、海援隊隊長という地位を与えたのだから面白い。

土佐藩上士に生まれ、現状に不満のない福岡に、とりとめた思想はなかったが、慶応二年末に京坂に出張した際、薩摩藩士西郷吉之助に出会ったことで、否応なく時勢の渦に呑み込まれていく。

西郷は、この時期「雄藩連合会議」の開催を企画していた。薩摩・福井・土佐・宇和島の四大藩の隠居を京都に集結させて、慶応二年十二月に新将軍となった徳川慶喜に対抗させようというのである。福井藩の松平春嶽の遊説は小松帯刀にまかせ、自らは四国に渡り、土佐藩の山内容堂と宇和島藩の伊達宗城を訪問して、その出京を要請するつもりで、在京中の土佐藩上士である福岡に接近し、協力を要請した。

徳川幕府が滅亡したのは、二百六十年を経て老化した体制を外圧に衝かれたことに尽きる。つまり、時勢が幕府を滅ぼしたのだが、西郷はその時勢に乗っていた。中岡慎太郎でさえ、初対面で西郷にほれ込んでしまった（↑4）のだから、凡庸な福岡が、たちまち「西郷という時勢」に呑み込まれてしまったことはいうまでもない。時勢に乗り遅れることは、土佐藩（つまりは自分の）ためにはならないという理由だけで、「にわか勤王家」に変身するのである。思想や信念という余分な荷物を持たないだけ、転身することに躊躇はない。

西郷は、二月十六日に高知浦戸港に入港。福岡は急遽帰国し、容堂接見の段取りに奔走した。福岡の奔走の甲斐あって（?）、二月十七日の西郷と容堂との対面は、上々の首尾だった。

山内容堂は、西郷と同い年で、このとき四十歳。幕末「賢侯」のひとりとして世間から期待され、後世にも一種の人気があるが、その実体はわがままで無責任な殿様にすぎない。なにより酒精中毒で、平素はほとんど病人状態だった疑いがある。

西郷はこの席上、自分がよく知る土佐人として、龍馬の名前を出した。容堂は郷士には冷淡だったから、この話題を意識的に無視したが、側に侍っていた福岡は動揺した。

武市半平太の勤王党を弾圧し尽くしたこの時期の土佐藩に、薩摩藩に顔が効く者など皆無である。そこに、西郷の口から龍馬の名が出た。福岡は、この龍馬なる者を土佐藩に取り込み、土佐藩のために利用しようと思った。

○海援隊は、土佐藩「公認」団体か

西郷の接待を終えた福岡は、三月十日に高知を発し長崎に向かった。出張の表向きの名目は、後藤象二郎の監査である。

この時期、後藤が赴任先の長崎で、公金を際限なく蕩尽しているという悪評が土佐に聞こえていた。これは事実で、後藤は接待と称し外国人相手に豪遊を重ねていた（↑14）。すでに一月に小目付の谷守部が長崎に派遣されていたが、後藤に丸め込まれてしまったため、上司の福岡が長崎に乗り込むことになったのである。

だが、福岡の主目的は、坂本龍馬の土佐藩への取り込みであった。福岡は、後藤が長崎で龍馬一党を保護していることを知っていた。龍馬を庇護している後藤の汚職を暴く気はなかった。

福岡は、西郷の来訪直後に龍馬と中岡の家族を呼び、脱藩罪を赦免することを申し渡していた。福岡は、友人小笠原唯八あてへの書簡（三月八日付）で、

「（中岡を）暗使（諜報部員）として使うつもり」

「龍馬を使う手段もいたし候つもりなり」

と、得意げに述べている。その秘策が、海援隊だったのである。

しかし、龍馬と中岡は本当にこのとき脱藩罪を「公式に」赦免されたのだろうか。龍馬は、この後七月と九月の二度、土佐に帰国する機会があったが、そのとき上陸を許されていない（九月は、結局上陸したが）。また京都にあっても、最期まで土佐藩邸に入ることはなかった。

何をもって公式とするのかは、意外に定義が困難である。参政である福岡が承認したのだから、たしかに公的といえるが、どうも福岡が便宜上発行した、「かぎりなく私的に近い」文書ともいえる。

土佐藩上士の佐々木三四郎によると、のち容堂は、福岡が許可なく海援隊をつくったことを立腹していたという（『佐々木老侯昔日談』）から、福岡の独断であった疑いは濃い。容堂は隠居なのだから、その許可がなくとも問題ないのかもしれないが、容堂の影響力は小さくない。

また、上士の寺村左膳が、

「素より海援隊なるものも本藩のものにこれなく、関係いささかこれなき」

と言い切っている（『寺村左膳日記』）ところを見ると、土佐本国では、

「福岡と後藤が、長崎で浪人連中を集めて何やらやっている」

程度にしか思われていなかったようでもある。

福岡は、三月十三日に長崎に着いた。一方、龍馬の長崎着日はわからない。三月二十日までは下関の伊藤助太夫邸にいたことはわかっているが、その後の足跡が不明である。長府藩士に同行して上海に行ったという説もある。

福岡と龍馬が会った日も不明だが、四月某日、龍馬は海援隊長に任命されたという記録が『海援隊日史』に記載されている。

ここで龍馬は、土佐藩外郭団体海援隊の長として土佐藩に組み込まれた。脱藩後つねに金欠に苦慮していた龍馬は、ようやく安定した収入を得られることになったのである。

ちなみに、この七か月後京都近江屋で龍馬が暗殺されたとき、二軒隣の大和屋に止宿していた福岡は、葬儀に参列しなかった。郷士出身の伯爵田中光顕は、

「坂本が殺されたとき、隣に福岡が下宿していたが、見舞いもしなければ会葬もしない。どうも彼の気が知れん」

とその冷酷を罵倒しているが、福岡の愛人加代（のち正妻、当時十七歳）ですら、福岡の態度に疑問をもったらしく、「葬儀に行かはれへんの」と問うたところ、

「貴様などの知ったところではない」

と怒鳴りつけたという（『伯爵田中青山』）。

結局、福岡藤次は龍馬に友情などまったく持っておらず、ただ利用価値ある「道具」として接近していただけだったことが、龍馬暗殺時の態度に痛烈に露われてしまっている。

○海援隊の実体──「商社」でも「株式会社」でもない

海援隊の規則を定めた『海援隊約規』という五項目の文書が後世に伝わっているが、その第五則が面白い。

> 「隊中の銭量、その自営の功に取る。また互いに相分配、私する所あるなかれ。もし、事に挙り用度不足あるいは学科欠乏を致す。隊長建議、出崎官の給弁を待つ」

独立採算制をうたいつつ、赤字の場合は「出崎官」（土佐商会）から支援を受けるというのは、いかにも中途半端である。結成当初の四月の海援隊に、何の資産もあるはずもなく、当然最初から出崎官からの支援に頼ることになった。この時期の出崎官は、後藤から土佐商会を引き継ぐために福岡藤次に同行し、長崎に来たばかりの岩崎弥太郎である。

四月二十九日、岩崎は海援隊士十六人の給与として、前任者後藤の指示どおり百両を支給した。ところが龍馬は、

「隊長の給与は、別に支給されるはずだ」

と岩崎のもとに使者を送りつけ、執拗に支払いを要求した。岩崎は立腹したが、ここは忍び、自分の懐中から五十両を出し、龍馬のもとに持参した。龍馬は無邪気に大喜びをし、「飲みかつ語り」結局半日つきあわされたという（『瓊浦日歴』）。

一ヶ月半後の六月九日。龍馬は後藤とともに長崎を去ったとき、岩崎は日記に、

「余、覚えず流涕数行」

と書いているのは、どういう意味の涙だったのだろうか。

龍馬は去ったが、岩崎はその後も海援隊に悩まされた。

「岩崎は学問もあり、慷慨の気に飛んでいるが、商業をもって国を興すという主義を懐いていて、ちょうど海援隊とは反対である。海援隊からはしばしば金の融通にいく。商会の方でもそうそう際限なくやれぬので、これを謝絶する方針を採った。すると海援隊の方では、天下のために尽力するものを厄介視するとは不都合であるというて攻撃し、たがいに軋轢するようになった」

佐々木三四郎（高行）の回顧である。佐々木ほど晩年の龍馬を理解し、親しかった（ふりをした）土佐人はいない（↓24）。その佐々木が、海援隊士を無頼漢のように思っていたのだ。いったい海援

隊とは何だったのだろうか。

一九八〇年代、海援隊は、「日本初の商社」「日本初の株式会社」などといわれた時期があった。だが現在、いくら龍馬ファンでもそう言い切る自信のある者は皆無だと思う。海援隊にはそういう要素がないのだ。

龍馬自身は、海援隊を「学問所」といっている（寺田屋伊助あて書簡）。創造性の乏しい龍馬にとって、海援隊とは、師匠勝海舟の神戸操練所の模倣であったと考えていいだろう。操練所は、単なる海軍技術学校ではなく、

「航海に関係いたし候学術・手跡・漢学なども、局中にて世話いたし候」（『海軍歴史』）

と謳っていた。

○奇説。陸奥宗光は、龍馬暗殺の幇助者か

海援隊士列伝は、すでに書き尽くされているから、ここでは陸奥宗光だけを取り上げる。

陸奥宗光は、紀州藩士伊達宗広の六男で、本名は伊達小二郎宗光。「陸奥」という姓は、祖先が陸奥国伊達郡出身であったことから、「一郡名の伊達より、一国の陸奥の方がスケールが大きい」と本人が創姓したものである。紀州藩のお家騒動で一家離散の流浪の身となり転々とした後、龍馬と知り合い勝塾に学ぶ。

師匠の勝は、神戸時代の陸奥について、

「塾中では、小二郎の評判は甚だ悪かった。皆のものは、あれを嘘つき小二郎と言っていた。全体、塾生には、薩州人が多くって、専心に学問をするというよりは、むしろ胆力を練って、功名をしとげるということを重んじていたから、小二郎のような小利巧な小才子は誰でも爪弾きにせられていたのだ」(『氷川清話』)

と語る。

勝は、明治後陸奥が自分に寄り付かず、勝の嫌いな長州人伊藤博文の子分のようになってしまったことが気に入らず、こういう大人げない発言をしてしまったものらしい。この点では、勝より龍馬の方がよほど大人で、たいていの偏屈者も駕御できる懐の大きな人物だったから、

「海援隊中、数十人の壮士がある。だが、隊を離れても独立してその志を行い得る者は、ただ予と陸奥あるのみ」(『陸奥宗光小伝』)

などと言って、難物の陸奥を喜ばせていた。

龍馬暗殺の直後、海援隊では、「黒幕は、紀州藩士の三浦休太郎だ」という説が勃発した。いろは丸事件(↓18)の裁判に敗れた紀州藩が、遺恨をもって龍馬を暗殺したと疑ったのである。紀州藩出身の陸奥は辛い立場に置かれたが、三浦襲撃計画(十二月七日、天満屋事件)に参加するはめになった。

海援隊士としての陸奥の仕事はこれが最後で、この後陸奥は海援隊から姿を消す。翌慶応四年一月十一日付で、伊藤博文・井上馨・寺島宗則・五代友厚など薩長の気鋭の俊秀とともに、「外国事務局御用掛」に任命され、その後、紀州藩に戻り藩政改革に尽力した後、再度明治政府に仕え、要職を歴任していくのである。

土佐人でもないのに龍馬の信頼を得ていたことや、人を見下す性格で嫌われていた陸奥の華麗な立身出世は、元海援隊士たちの嫉妬を生み、それは怨念の域にまで達したようである。

海援隊士安岡金馬の子、重雄の『反魂香』（雑誌『文庫』連載・明治三十二）には、明らかに陸奥が古巣の紀州藩と結託して龍馬暗殺の幇助をした、と荒唐無稽と思える説が書かれているが、中傷ではなく彼らはそう確信していたのであろう。

◇史料『反魂香』

○第一回（明治三二・二月）

「龍馬等三人を殺害したのは、近藤勇だという人もいい、書にもありますが、実はそうではないです。その殺害したやつの名は、三村（三浦）休太郎といって、こやつが会津紀州を往来しておったので、殺したのはこやつですが、殺さしたやつは外にいるので、名は知っていますが、この稿へ書き入れたいですけど、あまり公に言うと、とんでもない人まで引っ張り出されますから、名だけはいいません。

そのかわり、ちょっと天機だけは洩らしておきましょう。備後鞆の沖で、海援隊のいろは丸と、紀州藩の明光丸とが衝突して、それがためにいろは丸は沈没し、龍馬は中島信行を代理として談判の結果、ついに八万五千両の償金を取ったことは、諸君ご承知でしょう。で、それも暗殺の原因の、幾部分かをしめているので、もう一つ明らかにいえば、龍馬は全く飼い犬に手をかまれたのです。

○第六回（明治三二・八月）

「龍馬、慎太郎が殺されたと聞き、同志の人々は大に激昂して、油小路の新撰組の屋敷へ暴れ込みました。行く時に同志の一人、陸奥宗光が、なぜか厭と首を振ったそうですが、ついに勧められて行く事となりました。元来陸奥は隊中で『おくびょうたれ』と仇名されているので、それを言われて笑われる口惜しさと、一つは何か外に訳があるのか、出かけたものの、外の者は勢いよく斬り込んで、縦横に薙ぎ立てているのに、陸奥は裏の切戸に短銃を持ったまま、立っていたそうです。」

「龍馬が死ぬるとまもなく、陸奥が京都の芸者を大勢連れて来て、中の島へ船を浮かべ、菊の御紋着いた縮緬の幕を張り廻し、呑めや唄えの大騒ぎ。その中には新撰組のやつもいたそうです。」

「第一回の反魂香に、龍馬等を殺害さした人の名を、いわないつもりでしたが、鳥水氏の『縦横忌憚なく隠微を説け』というにはげまされて、ええどうなるものか、突っ込むなら勝手に突っ込んで来い、尻を持って来たらまたその時はどうかなろうと決心して、この稿へあからさまに書きたてました。

誰が殺さしたか、誰が関係しておるかくらいは分かるでしょう。飼い犬に手を噛まれたのも、全くこれがためです。」

18　いろは丸事件（慶応三年四月）

○蝦夷開拓はどうなった

海援隊最初の仕事は、伊予大洲藩（六万石）から借用した蒸気船「いろは丸」で、大坂まで荷物を運ぶことだったという。

だが、龍馬がこの船を借用したのは、海援隊に組み込まれる四月以前であり、その借用目的について通説は、「蝦夷開拓のため」と、龍馬の壮大な企画を賛美していたはずだ。いったい「蝦夷行き計画」はどうなったのかと思うが、龍馬研究家たちは自説をすっかり忘れ、だれも説明しない（！）。

案ずるに、海援隊長となった龍馬は、後藤・福岡に竹島開拓計画と、「いろは丸」の貸借契約、さらにその支払い能力がないことを正直に打ち明けたのだろう。土佐藩にとっては、五百両程度は何でもなかったが、おそらく後藤・福岡も、海のものとも山のものともわからない竹島開拓計画には賛成せず、

「竹島もよいが、それは海援隊が軌道に乗ってからやればいいことではないか。とりあえずは、海援隊が君の望む独立独歩できるよう、資金を貯めることを考えたらどうか」

とでも諭し、地道な大坂への運送業務に「いろは丸」を使用することにし、大洲藩には土佐藩が借

用金を支払ってやったというところではなかったか。

「いろは丸」。この船は、もともと薩摩藩所有の船で、前名は安行丸という。長崎のオランダ商人ボードウィンに売却された安行丸を慶応二年七月に購入し、「いろは丸」と改名したのが伊予大洲藩である。

龍馬は大洲藩の購入直後に、「いろは丸」乗組員として菅野覚兵衛・渡辺剛八・橋本久大夫らを派遣している。この事情について龍馬は、長府藩士三吉慎蔵あての書簡に、大洲藩と薩摩人の五代才助（友厚）の依頼によって派遣したと書いている。

「今朝、伊予大洲より屋敷にかけ合いがきて、水夫両三人、蒸気方三人ばかりも、当時のところ拝借とて、私人数を屋敷より五代才助が頼みにて差出候」（慶応二年七月二十八日付）

なぜ大洲藩から、龍馬に乗組員の貸し出し依頼があったのか。

大洲藩の「いろは丸」購入責任者は、国島六左衛門という。国島は、元来銃器を購入する藩命を受け長崎に出張してきたのだが、独断で「いろは丸」を購入した。国島に船の購入を勧めたのは、実はこの船の売却者だった薩摩人五代才助である。龍馬は、この五代と懇意だった。素直に考えれば、五代が社中経営に苦しんでいる龍馬にアルバイトを紹介したと考えられる。

また、龍馬自身が「いろは丸」購入を国島に勧めたという説もあるが、龍馬と国島がどうやって知り合ったかよくわからない。この説を生かそうとするなら、国島が大洲藩士であることに注目した方がいい。龍馬は長府藩士と親しかったが、この長府藩の姫が大洲藩第十三代藩主加藤泰秋夫人なのである。この姻戚関係から、国島が長府藩士から、

「幕府海軍奉行の勝海舟の海軍塾で塾頭を務めた（？）坂本龍馬なる人物が、薩摩藩の傘下のもと、長崎で海運業らしきことをやっている」

という情報を得て、頼っていったという可能性なら考えられる。

○国島六左衛門の自殺（慶応二年十二月二十五日）

十一月十九日に荷物を積載して大洲藩長浜港を初出港した「いろは丸」は、三日後の二十二日に長崎に入港し荷揚げし、帰り荷を積載したが、その後なかなか出港しようとしない。一ヶ月も長崎に碇泊したあげく、十二月二十五日未明に事件はおこった。

国島が自殺したのである。理由は、わからない。金策に苦しんだとも、藩内での派閥抗争とも伝えられる。奇妙なのは、国島の自殺は秘密にされたのに、なぜか当日早くも龍馬と五代才助が押しかけてきて、

「武士たるもの、己の存念が成り立たねば、こうして死すほかはないものか。ああ、惜しい知己を喪った」

と意味不明なことを言って、死体を撫ぜまわして去ったという。

これは、当時「いろは丸」乗員だった大洲藩士豊川渉が、後年書いた『いろは丸終始顛末』という史料に出てくるが、日にちに関しては明らかに誤りである。慶応二年十二月二十五日には、龍馬は長崎にいない。溝渕広之丞とともに山口で木戸に会った（↑14）後で、まだ下関に滞在中である。

「いろは丸」は、十二月三十日にようやく大洲藩長浜に帰港。その後、後藤象二郎からの借用申込に応じ、四月八日に長崎で土佐藩に貸与された。

◯いろは丸沈没（慶応三年四月二十三日）

竹島開拓の冒険船から、大坂行きの商船に目的が変更された「いろは丸」は、四月十九日長崎を出港したが、四日後の四月二十三日午後十一時すぎ、瀬戸内海の鞆浦（広島県福山市）沖で紀州藩船明光丸と衝突して、あえなく沈没してしまう。

龍馬は、この苦境を後藤と五代の力を借りることで凌ぎ、紀州藩から八万三千五百二十六両という莫大な賠償金を取ることに成功した。かつての通説は、「被害者龍馬」を全面的に支持して、大藩紀州藩に勝った龍馬の痛快芝居として描いたものだが、龍馬研究が進むにつれて、皮肉なことに現在では、過失責任は五分五分、あるいは「いろは丸」の方にあるとする見方もでてきている。また龍馬が、沈んだ積荷について、高価な銃器だの金だのと嘘をついた疑惑（実際には砂糖や綿といわれる）も指摘されている。

龍馬は必ずしも弱者ではなく、才覚と人脈で強引に相手が非で自己に理があると認めさせたのだ。龍馬ファンは、龍馬の凄腕を賛美するが、はたしてそれは痛快なことなのだろうか。私などは、日本最初の海難審判といわれるこの事件で、裁判というものは、真実を提示して争うものではなく、テクニックによって左右される、という現実が露骨に示されたことに失望する。「龍馬なら、何をしても許されるのか」と言いたいが、何をしても許されるところが、いわゆるカリスマなのであろう。

ともあれ、龍馬は紀州藩から大金をせしめたが、「いろは丸」の本来の所有者である大洲藩に弁済されたかどうかよくわからない。数ヶ月後の十一月に龍馬は死んでしまうし、その後は維新のどさくさで大洲藩には支払われないまま、後藤と岩崎弥太郎の手に入り、のち岩崎の三菱財閥の礎になったという巷説もある。

大洲藩士豊川渉は、そういう後日の経緯もあって、この船を狙った龍馬は五代と組んで、国島を利用し、国島の自殺も二人に責任があると思い、前述のような証言になったのであろう。

◎第二章——結論

海援隊は、その知名度に実績が負けている。

龍馬が隊長だった期間は、わずか七ヶ月であり、この間、「いろは丸」「イカロス号」（↓24）とたてつづけに事件が起き、さすがの龍馬も、ほとんどその事後処理に追われただけの感がある。

一九八〇年代、海援隊は「日本初の株式会社」とか「商社」などといわれた時期があったが、根拠がない妄説に近い。最初にこの説を唱えた人物は、後に撤回しているのだが、妄説だけが一人歩きしている。

海援隊の実態はよくわからず、おそらく最大の利益は、「いろは丸」の賠償金だったのではないか。

龍馬が死んだ後、龍馬がもっとも期待した（といわれる）陸奥宗光は早々に離脱し、明治元年四月二十日に、長岡謙吉が二代目隊長に任命されたが、二週間後の閏四月二日に土佐藩は、海援隊の解散を通告した。龍馬死後わずか半年後のことである。

結局海援隊は、土佐藩の外郭団体にすぎず、「世界の海援隊」は、のちの岩崎弥太郎の三菱財閥の成功の投影とみるのが正しい。

第三章　大政奉還

19　大政返上論

○大政返上論は大久保忠寛の発案

大政奉還（返上）とは、教科書風にいえば、

「慶応三年、十月十四日。第十五代将軍徳川慶喜が、朝廷に政権を返上した。ここにおいて、二百六十四年の徳川幕府、また源頼朝以来の七百年武家政治が終焉した」

ということになる。日本史上、最大の体制変革といえるが、ここにまた一浪人坂本龍馬が関与していた。いや、関与どころか龍馬こそ主役であるという幻想がいまだに一部にある。

江戸幕府は、いうまでもなく徳川家康が馬上で掌握した政権である。ただ権威の神聖化のために、朝廷から征夷大将軍を任命されるという形式をとったにすぎない。

だが幕末にいたって、この「朝廷から任命された」という点だけを重視し、

「天下の政務（大政）は、朝廷から幕府に委任されたものである」

という「大政委任論」が世間に流布し、むしろ常識とされるようになった。

この虚構の観念が幕末に一気に世間に蔓延したのは、やはり嘉永六年（一八五三）六月三日の、ペリー来航が契機になっている。

外圧に対してまったく有効な対策が打てない幕府の無能さに、長州藩の久坂玄瑞や土佐藩の武市半平太に代表される魔人たちは、この「大政委任」という虚構概念を政争の道具として扱い、朝廷を担いで幕府の失政を攻撃し続けた。特に、外国との条約を破棄して打ち払ってしまえという「攘夷」というスローガンは国民意識を昂揚させ、一大ムーブメントとなった。

絶対権力に綻びが出て与党化した幕府は、久坂・武市ら無名の野党の執拗な攘夷の督促に苦しみ、ついには委任された大政を朝廷に返してしまおうという「大政返上論」が登場する。

この大政返上論は、文久二年（一八六二）十月、幕臣大久保忠寛の発言が嚆矢とされる。当時、側御用取次（老中と将軍間の公文書取次職）だった大久保は、攘夷の不可を朝廷に説くしかないが、どうしても朝廷が聞き入れないときは、

「幕府にて掌握する天下の政治を、朝廷に返還し奉りて、徳川家は諸侯の列に加わり、駿遠参（駿河・遠江・三河）の旧地を領し、居城を駿府に占め候儀、当時の上策なり」

と主張した（『逸事史補』）。この五年後に実際に「大政返上」が実現されたという意味では、大久保は先覚者ということになるが、このとき幕府内では大久保発言は、自棄論として冷笑されるか無視された。

だが、当時幕府のトップだった「政治総裁職」松平春嶽は大久保説に同調し、以後もっともこの説の熱心な鼓吹者となった。春嶽は、事あるごとに、若年将軍家茂の「将軍後見職」一橋慶喜にこ

れを説いたが、慶喜は取りあおうとはしなかった。

晩年の慶喜は、大久保の大政返上論について、

「越中守（大久保）が、かかる説を唱えたることは知らざれども、当時は、事いささか面倒となれば、毎々このごとき言をなしたるものにて、多くは口先ばかりの空論に過ぎざりしなり」

と切って捨てている（『昔夢会筆記』）。春嶽が絶賛した大久保の先見も、慶喜にいわせれば、責任回避あるいは自棄による妄言に過ぎなかったらしい。

○龍馬の場合

龍馬が大政返上論に関わったのは、文久三年三月末に大久保を訪問したときからである。

この時期、勝海舟の門下生だった龍馬は、ほか四人と連れ立って大久保の自宅を訪問した。大久保が、自説の「公明正大の道」（大政返上論）を説いたところ、龍馬は大いに賛同したという（↑2）。このときから龍馬は、大政返上論者になった。

しかしその後龍馬が、この問題について意見したことが史料上確認できるのは、三年後の慶応二年八月のことである。当時、福井藩の砲兵隊伍長取調だった下山尚という人物が、長崎に出張中龍馬を訪問し、天下国家談に及んだ際、龍馬は、

「政権奉還の策を速やかに春嶽公に告げ、公一身これに当たらば、幸いに済すべきあらん」

と意見したという（『西南紀伝』下山尚）。

この発言は、龍馬には気の毒だが滑稽である。春嶽は、龍馬などに言われるまでもなく、四年前からさんざん慶喜に説いており、この龍馬発言の同時期にも大坂で慶喜にそれを説いている最中で、もはや言い疲れしているといっていい。

また、この発言時の慶応二年八月とは、第二次長州征伐が開戦して二ヶ月が経過し、幕軍が徐々に撤兵していた時期で、幕府の弱体化が満天下の誰の目にも明らかになっていた。

たとえば、肥前佐賀藩士の大隈八太郎（重信）の例がある。佐賀藩（三十五万七千石）は、独裁的藩主鍋島直正の方針で、「天下国家のことに、関心を持つな」と、藩士の政治的活動を一切禁止していた藩である。この姿勢は、「日本国のことを考えず、ひたすら自藩の利益のみを守ろうとしている」と独善的だと解釈され、薩長には評判が悪かった。

そういう藩の大隈ですら、幕府が一外様藩の長州藩に勝てないことで、幕府に見切りをつけ、同志の副島二郎（種臣）と、

「天下の形勢すでにここに至る。幕府の政権を解かしめて皇室の下に復帰し、政令一途に出でしむるにあらざるよりは、また他にこの紛擾を払うの余なき」

と、大政返上論を語り合っていたと語っている。大隈は自賛談話の多い人物だが、この場合は、自

分は一年後に実現した大政返上を予見していたという自慢話ではなく、

「これはその時、余等の胸中に湧出たる感想のみならず、一般志士の脳裏に浮かべる意見にして、薩長志士等は疑いもなく幕府をしてこの挙に出でしめんことを企図せしなり」

と、当時の有志ならだれでも思っていたことだと言う（『大隈伯昔日譚』）。

龍馬は、主唱者の大久保忠寛から直接教えを受け、世間ではいち早く大政返上論者になったが、いかんせん一脱藩浪人という身分ではかけ離れた課題であり、結局何もするということもなく、時代に追いつかれてしまったといえそうである。

龍馬が、大隈その他の天下の平凡な有志と異なったのは、もはや時代おくれ（中岡慎太郎などはすでに、大政返上論を通り過ぎて武力討幕論にいきついていた）になりつつあった大政返上論を実現できる可能性のある人物、後藤象二郎に遭遇したことにつきる。

何度も繰り返すが、龍馬には、とにかく人との出会いには稀有な運に恵まれていた。その点ではまさに天に選ばれた人物であった。

20　船中八策（慶応三年六月）

○二つの船中八策

慶応三年六月。龍馬は、いろは丸事件で急速に親しくなった後藤象二郎に、持論の大政返上論を伝授した。後藤はこれを妙案とし、山内容堂（四侯会議のため在京中）に献策するため、龍馬を同伴し六月九日に藩船で長崎を発した。

十二日に兵庫港に着くまでの乗船中の三日間に、龍馬が海援隊士の長岡謙吉に書かせたという八か条の文書が、「船中八策」といわれる有名な文書である。

現在の龍馬本では、次の文書（①とする）を「船中八策」としている。

「一、天下の政権を朝廷に奉還（な）せしめ、政令宜しく朝廷より出づべき事。
一、上下議政局を設け、議員を置きて万機を参賛せしめ、万機宜しく公議に決すべき事。
一、有材の公卿、諸公及び天下の人材を顧問に備へ官爵を賜ひ、宜しく従来有名無実の官を除くべき事。
一、外国の交際（宜しく）広く公議を採り、新に至当の規約を立つべき事。

一、古来の律令を折衷し、新に無窮の大典を撰定すべき事。
一、海軍宜く拡張すべき事。
一、御親兵を置き、帝都を守衛せしむべき事。
一、金銀物貨宜しく外国と平均の法を設くべき事。
以上八策は、方今天下の形勢を察し、之を宇内万国に徴するに、之を捨て他に済時の急務（の）あるなし。

いやしくも此数策を断行せば、皇運を挽回し、国勢を拡張し、万国と並立するも、亦敢えて難しとせず。

伏て願くは、公明正大の道理に基づき、一大英断をもって天下と更始一新せん」


だが、この文書が「船中八策」とされたのは、昭和四年の平尾道雄『海援隊始末記』からで、それ以前の『維新土佐勤王史』（大正元）や千頭清臣『坂本龍馬』（大正三）は、次の文書（②とする）を「坂本の八策」として掲げている。


「第一義、天下有名の人材を招致し、顧問に供う。

第二義、有材の諸侯を撰用し、朝廷の官爵を賜い、現今有名無実の官を除く。

第三義、外国の交際を選定す。
第四義、律令を撰し、新たに無窮の大典を定む。
　律令既に定まれば、諸侯伯皆これを奉じて部下を率ゆ。
第五義、上下議政局。
第六義、海陸軍局。
第七義、親兵。
第八義、皇国今日の金銀物価を外国と平均す。
右、あらかじめ二三の明眼士と議定し、諸侯会盟の日を待って云々。
〇〇〇自ら盟主となり、これをもって朝廷に奉り、始めて天下万民に公布云々。
強抗非礼、公議に違う者は断然征討す。権門貴族も仮借することなし。
慶応丁卯十一月　坂本直柔」

坂崎・千頭が②を「坂本の八策」と認定した理由は、龍馬の自筆文が存在し、自分たちの目で確認したからである（現在も、国立国会図書館と下関市立長府博物館に計二通現存）。

ただ、この認定には一つ瑕がある。それは、末尾の「慶応丁卯（三年）十一月」という一文である。後藤とともに上京した六月のものでなく、十月十三日の大政返上後に書かれたことが明白なの

だ。やむなく坂崎・千頭は、この一行を隠して（！）、本文のみを紹介するというゴマカシを行った。そして、①については、

「別に世に伝わりし八策の稿は、すこぶるその字句を修飾せるのみならず、末尾に建白体の文字を加えあり。併せてこれを左に録して参考に供す」（『維新土佐勤王史』）

と書き、異説として紹介している。

しかし、『坂本龍馬関係文書』（岩崎鏡川編・大正十五年）から①②の関係は逆転する。この本は全二巻で、第一巻所収の『坂本龍馬海援隊始末』（坂崎紫瀾）は、

「六月十五日、後藤初めて大政返上建白を藩論とするに決す。龍馬ために長岡謙吉をして八策を草せしむ（中略）。いわゆる八策なるもの左の如し」

として①を掲げている。坂崎は、『維新土佐勤王史』執筆のときには異説とした①を、ここでは八策そのものと変説したわけである。

また第二巻の本文では、編者岩崎鏡川も、

「慶応三年六月十五日（新政府綱領八策）

この綱領を俗に船中八策という。この月、龍馬、後藤象二郎と同船。長崎より上京の際、船中において協定し、海援隊書記長岡謙吉をして起草せしめしよりこの名ありという」

と①を八策とし、この文書の正称を「新政府綱領八策」、俗称を「船中八策」と名づけた。ここで初めて「船中八策」という名称が登場した。

その名称を踏襲し、これを一つの文書の正称・俗称ではなく、独立した二つの文書の名称としたのが、平尾道雄である（『海援隊始末記』）。平尾は、①を六月の「船中八策」、②を十一月の「新政府綱要八策」と明確に分け、以降平尾説が通説となり現代に至っている。

だが、平尾説は基本的な部分に疑問がある。坂崎・岩崎が①を異説として扱ったのは、①と②の史料価値が同格ではなかったからである。大正時代に実際に確認できた「龍馬自筆の八策文書の現物」は②しかなく、①は龍馬の原文も写しも存在しない「世に伝わる」伝聞にすぎなかった。そういう曖昧な史料を参考にとどめた姿勢は実は正しい。

しかし平尾は、そういう前人の判断を無視し、①と②をいきなり同格の俎上に置いているのだから、その史料操作には問題がある。まず坂崎たちが、実在しない①を、どこから引用（実在しない以上、引用ということになる）してきたのか考察する必要があるのではないか。

◆岩崎鏡川（明治七年一八七四―大正十五年一九二六）
土佐郡土佐山村字菖蒲生まれ。名は英重。山内家史料編輯係から文部省維新史料編纂官。著編書に、『後

藤象二郎』（明治三一）『武市瑞山関係文書』（大正五）など。

◆坂崎紫瀾（嘉永六年一八五三—大正二年一九一三）

高知生まれ。名は斌。高知新聞編集長。『汗血千里駒』で、坂本龍馬を世間に知らしめる。瑞山会の依頼で『維新土佐勤王史』を編纂。

○八策ではなく、十一策だったのか

大正期以前の龍馬に関する史料で、この八策に触れた刊行本が一つだけある。明治二十九年（一八九六）刊の弘松宣枝『阪本《ママ》龍馬』である。

「彼（龍馬）は満腹の経綸を吐露し、長岡謙吉をして建議案十一箇条を草せしめたり。

その略に、

曰く、天下の政権を朝廷に返還せしめ、政令宜ろしく朝廷より出づべし。

曰く、上下議政局を設け、議員を置て万機を参賛し、万機宜ろしく公議に決すべし。

曰く、有材の公卿、諸公及び天下の人材を顧問に備へ、官爵を賜ひ宜ろしく従来有名無実の官を除くべし。

曰く、外国の交際宜ろしく広く公議を採り、新たに至当の規約を立つべし。

曰く、古来の律令を折中し、宜ろしく新たに無究《ママ》の大典を撰定すべし。

曰く、海陸軍宜ろしく拡張すべし。

曰く、親兵を置き、宜ろしく帝都を守衛すべし。

曰く、金銀、物貨、宜ろしく外国と平均の法を設くべし。

（九、十、十一条は不詳）

方今の急務此数策を捨てて、他に求むべきものなし。

いやしくも此数策を挙行せば皇運を挽回し、国勢を拡張し、万国と並行する亦難きにあらず。

伏して願くば公明正大の道理に基づき、一大英断をもって天下と更始一新せんことを」


大正期の著作にでてくる①は、この弘松『阪本龍馬』の記述を引用したものではないだろうか。内容、順番ほぼそのままである。現代のように「龍馬本」が氾濫している時代ではない。弘松自身はまったく無名な存在ながら、その著書は当然先行史料として参考にされたに相違ない。だが、弘松の記述の根拠がわからない。やむなく、「別に世に伝わりし八策」と書かざるを得なかったのであろう。

また弘松『阪本龍馬』は、以後の龍馬伝とは異なり、八策ではなく「十一か条」と書いていることに特徴があるが、『維新土佐勤王史』や『雋傑坂本龍馬』（坂本中岡両先生銅像建設会編・昭和二）

は、この「十一か条」説を紹介しているのである。

○「あるいは云う、当時長岡の草せる箇条は、十一までありと。しかしてその第九、第十、第十一は伝わらず」（『維新土佐勤王史』）
○「一説には当時、長岡の草せる箇条は十一まであったと。しかしてその第九、第十、第十一条の文字、世に伝わらない」（『雋傑坂本龍馬』）

「あるいは」「一説には」と出典を曖昧に書いているが、弘松以外に「十一か条」と書いている史料はないのだから、これは弘松の記述をさしていると思っていいだろう。

○弘松宣枝とは何者か

弘松宣枝という人物は、何者なのであろうか。

龍馬には、兄一人（権平）と姉三人（千鶴・栄・乙女）がいた。長姉千鶴は、安芸郡安田村郷士の高松順蔵に嫁し、男二人女一人を産んだ。長男は、海援隊に参加した高松太郎（のち坂本直）。次男は、周吉（のち坂本直寛）。娘は茂《しげ》という。

この茂が弘松宣晴という郷士に嫁し、生まれた子が弘松宣枝である。つまり、弘松宣枝は龍馬の姉の孫ということになる。こういう姻戚関係から、弘松家には龍馬関係史料が存在していた。龍馬本にしばしば出てくる「弘松家文書」である。

弘松宣枝は、明治三十六年（一九〇三）に三十二歳で没したというから、『阪本龍馬』の刊行時、まだ二十五歳だったことになる。まったく無名（当時、東京で教師をしていたという）の二十五歳の青年が、当時の大手出版社「民友社」から出版できたのも、龍馬の縁戚であり「弘松家文書」の所持者だったという理由以外にはないであろう。その意味で、弘松『阪本龍馬』は百六十ページの小著ながら、オリジナリティに富んだ史料といえる。

○なぜ「十一か条」なのか

だが弘松もまた、「龍馬の八策」の現物文書を見たわけではない。もし現物を実見したのならば、十一か条説を唱えるはずがないからだ。弘松が見た文書（謎だが）も八か条だったが、それでも十一か条と書いたのは、弘松に、

「龍馬が提出した文書は、十一か条だったはず」

という漠然とした知識があり、それにこだわったことを意味する。

私は弘松の頭にあった「十一か条」の正体は、土佐藩が薩摩藩に提出した有名な二通の文書のことだと思う。

後藤たちは、薩摩人と数度の会談（↓22）において、六月二十二日と七月二日の二回、文書を提示している。後世、前者が「約定の大綱」、後者が「約定書」という名称をつけられ、多くの書に引用されているが、この「約定の大綱」が四か条、「約定書」が七か条なのである。単純に思えるだろうが、この二つの文書をあわせれば「十一か条」になる（史料参照）。

この文書は、いまでは容易に見ることができるが、明治二十九年という時点、また市井の人である弘松はその内容の詳細を知ることなく、

「龍馬の創案に基づき、土佐藩から薩摩藩に提出した文書は、十一か条あった」

という曖昧な知識だけがあったのではないか。

だが、彼が実際に見たものは「八か条」しかなく、やむなく、残り三か条は後世に伝わらなかったのだとして、「九・十・十一条は不詳」と書いたのではないだろうか。

結論。現在われわれが「船中八策」といっている文書は、弘松宣枝が自家に伝わる文書（？）から抜粋したものを、大正期の著述家がなぞり、『海援隊始末記』で確定史料化されたものであり、原文不詳の謎の文書といえる。

◇史料

◎約定の大綱（六月二十二日）

一、国体を協正し万世万国に亘て恥じず、これ第一義。
一、王制復古は論なし。宜しく宇内形勢を察し参酌協正すべし。
一、一国に二帝無し、家に二主なし、政刑ただ一君に帰すべし。
一、将軍職に居て政柄を執る。これ天地間に有るべからざるの理なり。宜しく侯列に帰し、翼戴を主とすべし。

右、方今の急務にして天地間常有の大条理なり。心力を協一し斃て後やまん。何ぞ成敗利鈍を顧みるに暇あらんや。

皇慶応丁卯六月

◎約定書（七月二日）

方今、皇国の務、国体制度を糺正し、万国に臨て恥じず、これ第一義とす。その要、王制復古、宇内の形勢を参酌し、天下後世に至りてなおその遺憾なきの大条理をもって処せん。

国に二王なし、家に二主なし。政権一君に帰す。これこの大条理。我が皇家、綿々一系万古不易。然るに古郡県の政、変じて今封建の体と成る。大政遂に幕府に帰す。上皇帝在るを知らず。これを地球上に考うるに、その国体制度、かくの如き者あらんか。

然るに則ち制度一新、政権朝に帰し、諸侯会議、人民共和、然る後庶幾もって万国に臨て恥じず。これをもって初めて我が皇国の国体、特立する者というべし。もし一二の事件を執り、喋々曲直を抗論し、朝幕諸侯、倶に相弁じ難く、枝葉に馳せ、小条理に止まる。却って皇国の大基本を失す。豈に本志ならんや。爾後執心公平所見万国に存す。この大条理をもってこの大基本を立つ。今日堂々諸侯の責のみ、成否顧みるに所あらず。

今般更始一新、我が皇国の興廃を謀り、奸邪を除き、明良を挙げ、治平を求め、天下万民のために寛仁明恕の政をなさんとて、この法則を定むこと左の如し。

一、天下の大政を議定する全権は朝廷に在り。我が皇国の制度法則一切の万機、京師の議事堂より出を要す。

一、議事堂を建立するは、宜しく諸藩よりその入費を貢献すべし。

一、議事院上下を分かち、議事官は上公卿より下陪臣庶民に至るまで、正義純粋の者を選挙し、なおかつ諸侯も自らその職掌に因て上院の任に充つ。

一、将軍職をもって天下の万機を掌握するの理なし。自今宜しくその職を辞して諸侯の列に帰順し、政権を朝廷に帰すべきはもちろんなり。

一、各港外国の条約は兵庫港において新たに朝廷の大臣、諸侯の士大夫と衆合し、道理明白に新約定を定めて誠実の商法を行うべし。

一、朝廷の制度法則は往昔よりの律制ありといえども、当今の時勢に参し、あるいは当たらざる者あり。宜しくその弊風を一新改革して地球上にはじざるの国本を建つ。

一、この皇国興廃の議事に関係する士大夫は私意を去り、公平に基づき、術策を設けず、正実を貴び、既往是非曲直を問わず、人心一和を主としてこの議論を定むべし。

右に議定せる盟約は、方今の急務、天下の大事、これに如く者なし。故に一旦盟約決議の上は、何ぞその事の成敗利鈍を視んや。ただ一心協力永く貫徹せんことを要す。

慶応丁卯六月

21　龍馬・後藤上京（慶応三年六月）

○船中八策は、後藤のカンぺか

後藤の上京は、容堂に命じられたものだったという説がある。容堂は四侯会議において、薩摩の島津久光における西郷・大久保のような謀臣の存在を欲し、長崎にいた後藤の上京を促したため、後藤はそれに従ったというのである。

この説の根拠は、長崎の龍馬が下関の伊藤助太夫邸に滞在中の夫人にあてた書簡の中に、

「先ごろ土佐蒸気船夕顔という船が大坂より参り候て、そのついでに、ご隠居様（ようどうさま）より、後藤象次郎こと早々上京いたし候ようとの事。私も上京してくれよと象次郎申しおり候」（五月二十八日付）

と書かれているからと思うが、龍馬は、身内には自分を大きく見せようとする癖がある。このときも「自分は、土佐藩から頼られている」と妻についたホラだと思う。

薩摩の肝煎で開催された、徳川慶喜と四候会議の本来の議題は、「兵庫開港問題」だった。安政五年（一八五八）の通商条約では、兵庫港は文久二年十二月五日（一八六三年一月一日）までに開港することになっていたが、諸事情で五年間延長された。その延長期日(慶応三年十二月七日)が迫っ

ていた。十二月七日に開港するためには、半年前の六月七日までの布告が必要であり、慶喜はこの問題を片付けたく四侯に協力を要請した。

だが、薩摩は慶喜に反対するためにこの会議を開いたのだから、別の議題（うやむやに終結した第二次長州征伐後の長州藩の処分問題）を解決するのが先ではないか、と主張して譲らない。会議は二条城を舞台に、五月十四日・十九日の二回行われ、慶喜と久光の間で激論が交わされたが、結局は慶喜が現役将軍という地位の強味と能弁で押し通し、ついに兵庫開港の勅許を得た。薩摩藩の目論見は失敗し、逆に徳川慶喜個人の容易ならぬ能力を見せ付けられる結果となった。

この間、容堂はまったく生彩がない。五十歳の久光が果敢に三十歳の将軍慶喜と激論を交わすのに対して、四十歳の容堂は傍観するのみで、二度目の五月十九日の会議は体調不良と称して欠席し、二十三日には早々と京都を去る。容堂にしてみれば、薩摩人が政策の是非を議論する気がなく、反対のための反対を繰り返すのが不快で、付き合う気がしなかったのであろう。

四侯会議に意義を見出せず、棄権状態だった容堂が謀臣を欲するだろうか。また、欲したとしても、なぜ後藤なのか。京都には、西郷に接近して容堂の上京を企画した福岡藤次がいる。遠く長崎にいて、中央政界に疎い後藤をわざわざ呼び寄せる理由がわからない。

では、後藤の上京が、容堂の命令でなく自分の意思だとすれば、その理由は何か。

後藤が、国家あるいは土佐藩のためという大課題のもとに龍馬に接近したのなら「清風亭会談」

が行われた後、後藤はそれなりの行動を起こさなければ辻褄が合わない。だが、実際の後藤は、何ら天下国家のための行動を起こしていない。

後藤は、龍馬から持論の大政返上論を聞かされていたであろうが、そんな大層な課題に興味はなく、適当に聞き流していたのだ。だから、龍馬との初対面から半年ちかくも経過した六月に、しかも上京途上の船中の三日間（事実不明だが）で、あわただしく龍馬の意見をまとめることになったのである。そしてそれは、「後藤個人のために」龍馬の持論が必要になったためと考える。

この時期の後藤は、土佐藩内で失脚寸前に追い込まれていた。後藤の土佐商会の放漫経営を糾弾するため、一月に谷守部・前野悦二郎、三月に福岡藤次が、長崎に赴いている（↑17）。

相次ぐ土佐藩からの使者にさすがに不安になった後藤は、藩からの追及を逃れる超法規的手段に頼ろうと考えたのではないか。

すなわち、土佐藩の実質的な最高権力者である容堂の歓心を得ることである。容堂がこの時点でもっとも苦悩している、中央政界での薩摩藩の横暴を抑えることができれば、長崎での不行跡はすべて不問に帰せられる、と計算したのではないだろうか。

つまり「船中八策」は、上京して容堂に大政返上論を説くための、後藤のにわか勉強、カンペだったと考えることができよう。

○「薩土密約」(五月二十一日)

後藤と龍馬を乗せた「夕顔」は、六月十二日に兵庫港着。ここで二人は別れ、翌十三日に別々に入京し、後藤は河原町醤油商「壺屋」、龍馬は同材木商「酢屋」に投宿している。

しかし、後藤がもっとも会いたかった肝心の容堂が京都にいない(!)。容堂は、五月二十七日に離京し、六月二日に高知に帰っていた。つまり、後藤が長崎を出港した六月九日の一週間前にはすでに帰国していたのである。後藤がそれを知らなかったというチグハグさが、容堂から上京命令があったのか疑う理由のひとつである。

後藤は、すぐに容堂を追って土佐に帰国すべきであったが、在京の福岡藤次・寺村左膳から、「薩摩藩が、武力討幕の方針を固めた」という衝撃的な情報を聞き、京都に釘付けにされてしまう。薩摩藩が武力討幕に踏み切れば、大政返上論など、出る幕がない。後藤は、薩摩藩の武力討幕を阻止するため、京都に留まらざるを得なくなってしまった。

寺村によれば、土佐藩士のなかにも、乾退助・谷守部・毛利恭助らが薩摩藩の挙兵に呼応しようとしている者がいるという。彼らは、去る五月二十一日に中岡慎太郎の斡旋で在京薩摩人の西郷吉之助・小松帯刀と会談し、武力討幕論を積極的に主張したという。

なかでも直情家の乾退助は、薩摩藩との会見の翌日に、容堂に武力討幕論を言上し、

「今日もし（容堂が薩長と行動をともにすることを）決する所がなければ、他日馬を薩長の門につなぐことになるかも知れず」

とまで激語し、容堂に決断を迫ったという。

四侯会議での薩摩藩の態度に腹を立てていた容堂にとって、薩摩に同調する乾の言上は我慢ならぬものだったはずである。だが容堂は乾を好んでいたから、苦笑しただけで乾を連れて帰国した……ということを、後藤は福岡たちから聞いた。

実際のところは、乾が西郷と会った五月二十一日は、まだ四侯会議の最中で、薩摩人が武力討幕論など口にするはずがない。乾は、会談をセッティングした武力討幕論の中岡に騙されたといえるが、乾自身は後年にいたるまでそれに気がつかず、くりかえし語ったため、この会談は「薩土密約」という名がつけられた。

○薩摩藩の決議（五月二十五日）

五月二十一日の「薩土密約」は乾の幻想だったが、兵庫開港が勅許された二十四日の翌日の二十五日、在京薩摩藩藩士の間で、局面打開策として武力投入が決議されたことは事実である。

この日九つ時（正午）から、島津久光の御前で、在京薩摩藩士九人―小松帯刀・関山糺・西郷吉之助・大久保一蔵・田尻務・蓑田伝兵衛・吉井幸輔・内田仲之助・新納立夫―が会議を開いた（『新納立夫日記』)。

このとき家老職の関山糺と小松帯刀のあいだで、激論が交わされた。一年半前の慶応二年一月の、いわゆる「薩長同盟」は、小松・西郷ら数人が行ったもので、多くの薩摩人はそのことを知らなかった。関山は、小松派の動きをうすうす知ってはいたが、快く思っておらず、このときその反感が一気に噴出した様子である。

「たとえ何様のわけにて、長州に義理立てなされ候とも、忠久公以来七百年のめでたき御国家とは、相替えられまじく、何様の思し召しにて候や」(『道島家記』)

関山にすれば、朝敵長州藩と提携して反幕行動に乗り出すという小松派の挙動は、七百年の歴史を持つ名門島津家を滅亡に導く狂人の所業にしか思えず、「何様のつもりか」と、激しく罵倒した。島津家に対する責任問題を持ち出されれば、身分の低い西郷・大久保などに発言権はなく、島津一門の肝付家出身の小松にしてはじめて駁論の資格がある。西郷・大久保の活躍は、盟友小松帯刀に負うところが大きく、もっと一般に知られてほしい人物だと思う。

結局この日の結論について、『新納立夫日記』は、

「長(長州藩)と共に事を挙ぐるの議、ほぼ定まる」

と書く。以前の通説は、この「事を挙ぐる」の意味を「武力討幕」と考えていた。だが近年、「慶応三年五月という時点で、薩摩藩が幕府本体を武力で倒すと考えていたとは思えない」

という意見も提出されている。たしかに常識的に考えれば、七十七万石の一外様大名の薩摩藩が、四百万石の幕府本体に武力で対抗できると計算するはずがなく、私は基本的にはその意見に賛成である。

では、「事を挙げ」というのは、どういう意味かというと、京都御所を薩摩兵で囲み「玉」（天皇）を幕府から取るというクーデターであった。これは、薩摩藩のお家芸といってよく、五年前の文久三年に、これを成功させた実績があった（堺町御門の変）。

そのとき薩摩人は、京都には三百人程度しかいなかったが、京都守護職の会津藩を利用して御所を封鎖し、長州人を京都から追放することに成功した。薩摩人は、これを規模拡大して再度試みようとしたと考えられる。ただし、今度の敵は、かつての盟友だった会津藩と桑名藩（京都所司代）であった。

○島津久光の野望

ただし、島津久光個人にかぎっていえば、本気で「武力討幕」を考えていたように思う。藩主を置き去りにして家来が暴走した長州藩とはちがい、薩摩藩は久光の統制の元で粛々と動き、久光の意志を離れた政治活動など有り得なかった。

明治十年代、久光は、

「討幕は、西郷・大久保が勝手にやったこと」

という意味の発言をしているが、久光は家臣に騙されるような殿様ではない。関山糺が、

「島津家を滅ぼすつもりか」

という際どい発言で小松を責めても、結局長州との提携に決定したのは、久光の決断があったからである。

久光にはまちがいなく「徳川幕府の武力討幕」の意志はあった。だが、彼が望んだ結果にならなかったため、自嘲と悔恨の想いも込めて、討幕事業そのものを否定したと考えられる。

久光の望んだものとは、むろん「島津幕府の創設」である。権威と秩序の信奉者である久光は、文久二年以来、彼なりに既存政権の徳川幕府の建て直しに尽力してきたが、四侯会議で慶喜に完敗したことで、ついに徳川幕府と慶喜に見切りをつけた。

博覧強記だが、創造性の乏しい歴史主義者（晩年は修史事業に熱中した）の久光が考える未来像は、過去の歴史の模倣でしかない。中国史の王朝交代、日本史の鎌倉・室町・江戸幕府の交代という事例からいえば、徳川幕府が滅んだ後、島津幕府が成立することは久光の中では当然であり、みずからが初代将軍になるという密かな野望をもっていたと私は信ずる。そうでなければ、莫大な藩費を投じて国事に尽力することなど有り得ない。

たとえばこの時期、久光は長州人山県狂介を謁見するという異例の行動をしている。

長州藩は、慶応二年一月の「薩長同盟」以来、品川弥二郎を京都の薩摩藩邸に駐在させ、その後次々と探索員を派遣した。たとえば井上聞多・伊藤春輔など、後の明治政府の大物もこの役割を勤めているが、慶応三年五月から六月にかけての探索者は、奇兵隊軍監の山県狂介（有朋）だった。

山県の在京期間は、五月十日から六月十七日で、「四侯会議」（五月二十四日）「薩土密約」（六月二十一日）という重要な時期に重なる。山県は六月十六日に、西郷から久光に会うことを勧められ拝謁した。久光が、他藩士に会うなど異例のことだったが、このときは山県・品川を謁見しただけではなく、自らが発言した。

「幕府反正（反省）の目途とてもこれ無き事につき、今一際尽力覚悟に罷りあり候。右につき、近日西郷吉之助へ申しふくめ、御地差し越し候間、その節は何も御指揮かつ御許容なし下され候様」

言葉だけではなく、手ずから山県に六連発の短銃を手渡した。この行為には、明らかに「武力討幕」の意志が内に込められている。山県が、「薩摩藩は、長州とともに武力討幕を決意した」と信じたのも無理はなく、帰国後その旨を吹聴した。

このとき薩摩藩が、「武力討幕」を決議したという解釈は、長命した板垣退助（大正八年没）と山県有朋（大正十一年没）の二人が生涯そう信じ、回顧し続けたことが大きな一因になっている。

22 薩土盟約（慶応三年六月）

○後藤、土佐藩官僚を説得する

後藤が入京したのは、久光が山県を謁見した三日前の六月十三日である。後藤は、まず在京の土佐藩高官連中―寺村左膳・真辺栄三郎・福岡藤次―たちに、「船中八策」を披露し、これを土佐藩公論とすべく協力を求めた。一同後藤の卓説に感心し双手をあげて賛成した。

あっさり藩内調整を済ませた後藤は、六月二十日に薩摩藩家老の小松帯刀を訪問して上京の趣旨を説明し、二十二日には三本木の料亭「三樹」で、在京薩土両藩士の会談にこぎつけた。

薩摩人は小松・西郷・大久保、土佐人は後藤・福岡・寺村・真辺が出席したが、ほかに坂本龍馬と中岡慎太郎が陪席した。むろん龍馬は土佐側、中岡は薩摩側の立場である。

寺村左膳の記録（『寺村左膳日記』）は、

「後藤氏は、先日の大条理をもって、懇々説き終わり、これより急に帰国いたし、主君（容堂）の命を受けて再出京すべしという。薩の三人、格別異論なし。外に呼びおきたる浪士の巨魁（龍馬と中岡）も承服せり」

と簡潔である。後藤が一人で喋り、薩摩人はそれに異論もはさまず、あっさり了承したというのだ。

後藤・龍馬に不満なはずの中岡も、このときは何も言わなかった。

後藤たちは、「船中八策」を下敷きにした四か条の文書（『約定の大綱』↑20）を薩摩方に提出し、会合は終わった。後世、これを一か月前の五月二十一日の西郷・乾会談「薩土密約」と区別して「薩土盟約」という。

五月二十一日に、乾退助と「武力討幕の密約」をしたはずの薩摩人が、大政返上論に何の異存もなく、あっさりと同意したことについては、土佐人も戸惑い、

「この度のことについて、（土佐が）主人役となれば、薩藩も必ず信用するであろう。また彼らもこれを希望するとともに（土佐が自分から言い出したのだから）、引くに引かれぬ場合に至らしむ心算であろう」（『佐々木老公昔日談』）

と、観察している。土佐藩はそう解釈して自らを納得させたが、長州藩の場合は大変だった。

○長州藩の動揺

長州藩政府は山県狂介の報告で、西郷が「武力討幕」の打ち合わせのため長州を訪問すると信じていた。ところが西郷はなかなか現れず、山県帰国から一か月後の七月十七日、ようやく三田尻港に上陸したのは、西郷の代理と称する村田新八だった。村田が持参した西郷の書簡（七月七日付山県・品川あて）の内容は難解だった。

西郷は、土佐人後藤象二郎なる者が、「大論」をもって突然上京して来て、在京の「雅俗」(身分の尊卑の意。この場合の「雅」は、松平春嶽や伊達宗城などをさす)の人心を奪ってしまった、と迷惑げに書いている。

だが、実際に後藤に会って話を聞いた西郷は、一転してこれを「渡りに舟」と思って、その意見に賛同した。このため、「長州への訪問は延期します」という。何が「渡りに船」なのか、長州人にはまったく理解できなかった。

この時期長州藩は、薩摩藩に頼るしか再生の途はない。その盟友が、無名の土佐人の口車に乗って、「武力討幕」路線(山県の思い込みだが)を中断するというのだから、穏やかではない。

焦燥した長州藩は、西郷本人に事情を聞くため、柏村数馬(直目付)と御堀耕助(御楯隊総督)を、京都に派遣して薩摩人の真意を問い質すことにした。

八月十一日に入京した柏村と御堀は、十四日に小松帯刀邸で「薩人」と会談した(『柏村数馬日記』)。この「薩人」がだれなのか柏村は明記していないが、小松か西郷であることはまちがいない。

だが、西郷(あるいは小松)は、柏村らも唖然とするほど過激な発言を連発した。

「久光公は、もはや口頭において事はならぬ、この上は、兵力をもって詰めるほかなしとお考えで、拙者たちもそう考えております」

と言い、その戦略もすらすらと語った。

さらに西郷（あるいは小松）は、二人がもっとも知りたがっている、後藤と挙兵延期の問題についても明快に解説した。後藤が持ち出してきた大政返上論は、薩摩藩にとって特に目新しいものではなかったが、因循な土佐藩が、どういう意図で乗り出してきたのかは興味があった。だから西郷は、後藤にその「見込み筋」（真意・意図）を「逐一詰問」した。

これに対して後藤はなんと、

「もとよりその策を持ち出して候ても、幕府に採用これ無くは必然につき、右を塩に幕と手切れの策にこれ有り」

と言ったというのである。

大政返上論は幕府に対する最後通牒であり、これだけ理を尽し万民が納得する論に幕府が従わないのなら（従わないことを前提にしている）、それを理由として幕府を非として攻撃する大義名分となり得るというわけである。つまり、土佐藩もこれを契機に反幕派の薩長につくという宣言ともとれる発言であり、西郷たちは、これを「渡りに舟」として乗ったのだと、柏村・御堀に説明した。もっとも、この後藤発言は後にブレてしまい、この二か月後に西郷・大久保と後藤は、政敵として対立することになるから、結果としてこのとき西郷・大久保は、後藤にだまされたということになる。

昭和前半の大久保伝には、この時期の後藤について「ペテン師」とまで言っているものもある（『大久保利通』白柳秀湖・昭和一九)。ならば、この件に関して後藤と一心同体だった龍馬もそう呼ばれなくてはならないはずで、龍馬が「英雄」で後藤は「ペテン師」では、後藤も救われない。

在京薩摩人が、後藤の提案を受入れたもう一つ重要な理由は、だれよりも「討幕」の意志に燃えていたはずの久光が、意外にも後藤の構想に好意的だったことにある。

「この策断然相行われ候えば、実に皇国挽回の基とも相成り申すべきや」

と、息子で藩主の茂久への書簡で認めている(六月二十七日付)。

西郷が山県に、「(後藤の論に)帰してしまい」と書いた「雅」は、松平春嶽や伊達宗城など他藩の殿様だけではなく、実は自藩の久光も含めてのことだった。

いったんは慶喜に対する憤懣から、「武力討幕」を夢想した久光だが、冷静になれば本来の権威と秩序の愛好者にもどり、穏当な建白が妥当のように思えてきたのであろう。「大名による建白」、「大名による会議」が久光の好みなのだ。気ままで無責任な殿様である点は、山内容堂と変わらない。

○大政返上=無血革命論は、容堂の創案(慶応三年八月)

龍馬の独り言を土佐藩の公論に仕立て、無名の存在からいきなり中央政界の主役に踊り出た後藤象二郎。七月二日、木屋町「柏亭」における酒席では薩摩人に、

「二週間以内に、土佐藩兵を率いて京都に帰って来る」

と豪語し、八日に帰国。その夜のうちに城下散田邸に隠居する容堂に拝謁した。

「承るところによれば、薩長両藩挙兵の期遠からず。徳川幕府の存亡は実に旦夕に迫れり」

と報告して、幕府びいきの容堂を憂鬱にさせた後、「ここに一策あり」と、秘策の大政返上論を披露した。

「わが公、今正々堂々大政返上の建白を幕府に呈せられんには、将軍の聡明なる、必ず天下の形勢鑑みてこれを採用せん。さすれば、上朝廷に対しては尊敬の実を挙げ、下幕府に対してはいわゆる仁孝至り義尽すと申すものなり。かつ、薩長の意表に出でて、わが藩は天下に重きをなさん」（『伯爵後藤象二郎』）

西郷・大久保には、「討幕の前段階」として説いたが、容堂には逆に「武力討幕の抑止策」さらに「土佐藩の政治的地位の上昇策」として説く。相手によって内容を変えるのは策士なのか、適当なのか。

後藤の献策を聞いた容堂は、ひざをたたいて喜んだと伝わるが、数年前から盟友松平春嶽から繰り返し大政返上論を聞かされていた容堂が、この論自体を知らないはずはない。容堂は、後藤の献策の内容そのものよりも、吉田東洋を喪って以来ようやく自分に献策する謀臣の出現に歓喜したのであろう。ここまでは後藤の思惑通りだったが、

「建白書提出のために、兵を率いて上京したい」

と後藤が申し出ると、容堂は一転不機嫌になり、

「天下のために公平心をもって周旋するに、何ぞ兵を後ろ盾とせんや。出兵無用」

と却下した（『保古飛呂比』）。

この後、土佐藩は天災のような「イカロス号事件」（↓24）に巻き込まれて、建白問題は一時棚上げされ、後藤案が土佐藩の国論として正式に採用されたのは、後藤が帰国してすでに一か月半が経過した八月二十日のことであった。

その国論の内容は、ほぼ七月二日に後藤たちが薩摩人に提出した薩土間の『約定書』七か条（↑20）に準じた内容だったが、明らかに異なるのは、「将軍辞職」条項が削除されたことである。『約定書』第四条では、将軍職の廃止をすべての前提条件としていたが、容堂はこの項目を意図的に切り捨てた。さらに、「兵隊の上京はしない」と決定され、同日、武力討幕派と目されていた乾退助は軍備用掛を解任された。

こうして土佐藩の大政返上論は、容堂によって、

「将軍の処遇については、触れない」

「兵力は使用せず、あくまで議をもって将軍に勧める」

という足かせがはめられた国論として認められた。こうなると大政返上論は、単なる徳川家温存策にも見える。事実、容堂はそういう意図で採用したのであろう。

一口に大政返上論といっても、大久保忠寛から龍馬、さらに後藤から容堂と主唱者が変わるたびにその内容は変質している。大政返上を無血革命論とする見方が、一部ファンの間で根強く信じられているが、たとえそうだとしても、それは龍馬ではなく容堂によって創案されたものなのである。

23 京都の後藤象二郎（慶応三年九月）

○「薩土盟約」の破綻（慶応三年九月）

後藤が、大坂に着いたのは九月二日。十日以内で帰って来ると豪語してから、すでに二か月が経過していた。

大坂に上陸した後藤は、非常な偶然だが心斎橋筋で西郷に出会った。西郷は、鹿児島から海路上京してくる島津備後珍彦（久光三男）率いる兵千余人を迎えるために、八月二十三日から大坂に滞在していたのである。薩摩は、着々と軍備を整えつつあるようだった。

五日。後藤は、大坂の西郷の宿所を訪問した。西郷は開口一番、後藤が引率して来たはずの土佐藩兵の数を尋ねた。後藤はやむなく、「国元に置いてまいりました」と嘘をついた。

西郷は、後藤がイカロス号事件（↓24）で上京が遅延された事情は知っており、そのことに同情していただけに、後藤の答えは意外であり失望は強かった。また平然と食言する後藤に憤りを感じ、この時点で後藤という人物を見切ったようである。後藤は、建白について相談をしようとしたが、西郷は、「後日、京都で」と遮った。

七日（一説には八日）。後藤は、京都の小松帯刀邸を訪問し、西郷・小松と会談したが、意見はまったくかみあわなかった。六月二十二日の「薩土盟約」の時点では討幕の前段階としての大政返上論を幕府に突きつけることに合意した。だが、後藤は帰国後（容堂の意向だが）徳川家の保全のための大政返上論に変質していた。

西郷は、のちに長州人山県狂介に、

「後藤に、よほど欺された。実に、甚い欺され方をしました」

と語ったという（『維新戦役実録談』山県有朋談話）から、後藤の変説がよほど腹立たしかったのであろう。西郷は、

「今や建白などではとても事がすまなくなりましたので、弊藩は兵力をもって事をすすめることにします」

と語り、後藤を突き放した。薩土盟約の撤回宣告である。さらに、

「弊藩は、九月二十日までに挙兵するつもりです」

と挙兵の期限まで宣言した。

後藤は連日薩摩邸を訪問し、挙兵の延期を求めたが、議論は平行線のままだった。後藤は倦みかつ疲れ、たがいに邪魔をしないことのみの確認をして、交渉は完全に決裂してしまった。

しかし、その後も後藤は建白にふみきろうとしなかった。後藤が大政返上論にとびついたのは、やはり容堂の機嫌を取ることが第一目的だったように思えるのは、このときの逡巡にある。後藤が、

「大政返上論は天下の公論」という自信と信念をもっているなら、薩摩の意向に関係なく幕府に提出すればよい。しかし、後藤はそれをしない。

薩長が武力行使に踏み切った場合、幕府が勝てるかどうか後藤にもわからない。幕府にいつまでも義理立てをしていると、土佐は、薩長の第一標的となってしまう可能性すら出てくる。土佐藩の安全を考えれば、大政返上論を捨て、薩摩に同調（たとえば乾退助のように）する方が得策なのかもしれない。しかしそれでは、容堂の根本的意向（幕府救済）に背くことになり、乾のように左遷されることを恐れたのであろう。

つまり後藤は、容堂の望む方針にしたがい、かつ成功することを目的としていたから、どちらの道もとらず、迷いつづけたのである。

○永井尚志、建白を催促する（慶応三年九月二十日）

十六日。後藤は寺村左膳・福岡藤次と合議し、とりあえず寺村を帰国させて、容堂の意向を伺うことに決した。土佐藩上士の優柔不断な姿勢がよくあらわれている。

十九日。決別したはずの小松帯刀が、わざわざ薩摩藩情報を知らせに、土佐藩邸を訪問して来た。小松は、

「国父久光が、長州藩との合同挙兵を許可したため、大久保が打ち合わせのため長州に赴きました。

十五日には山口に到着しているはずで、それより二十日以内には挙兵の予定です。もっとも薩摩藩は長州藩の意向に関わらず、まちがいなく挙兵しますが」

と、あらためて薩摩藩の挙兵の覚悟がゆるぎないことを語るのである（実際は、大久保は十七日山口着。十八日に方針を決め、十九日に三田尻湊から帰京の途についている）。

私が不思議なのは、この時期の薩摩人に機密保持という意識がまったく感じられないことである。同じ京都には将軍が滞在しているにも関わらず、小松は白昼堂々と土佐藩士に挙兵を宣言している。将軍を舐めきっていたのか、わざと挙兵計画を広めることに何らかの意図があったのか、よくわからない。

小松の土佐藩邸訪問の意図は、何とか土佐藩を反幕仲間に引き込みたいという未練であることは明らかである。七日の時点で西郷は、「九月二十日までに挙兵する」と明言したのに、この日の小松発言では、「九月十五日から二十日以内（つまり十月上旬）」と、ずるずると延期してしまっている。

「薩摩も強気を装ってはいるが、正直なところ一藩でも味方が欲しいのだろう」

と後藤たちは、いまや政敵になった薩摩藩を皮肉に観察している（『寺村左膳日記』）。

同じ九月十九日に、後藤に転機が訪れた。幕府若年寄の永井尚志から後藤に、「明日、出頭せよ」との呼び出しがあったのである。

実は永井は、二か月前後藤が土佐に帰国する際、後藤を呼びよせ帰国理由を執拗に尋ねている。後藤は六月に上京したとき、四侯会議のため在京中だった松平春嶽や伊達宗城を訪問して、自らの上京趣旨を説明し協力を求めたが、永井は、春嶽・宗城から土佐藩の大政返上運動情報を得ていたのである。

二十日。後藤が永井の宿舎を訪問すると、永井は案の定、

「土佐藩には、建言の筋があると聞いているが」

と切り出してきた。後藤がそれを認めると、永井は、

「ならば、早々に差し出すように」

と催促までした。若年寄が打診してきたのだから、幕府が大政返上論を受けるつもりであるという見通しはついたが、後藤はなお数日間迷った。

ところが、二十三日。今度は、さらに上位者の老中板倉勝静から後藤に出頭命令がとどいた。将軍慶喜にもっとも近い人物からの呼び出しに、後藤はようやく建白書提出の決心がついた。

○大政返上は、慶喜劇場

かつて将軍後見職だった頃の慶喜は、松平春嶽から大政返上を何度も勧められても同調しなかった（↑19）。彼は、御三家でありながら朝廷を尊崇する水戸藩出身であることで、幕府内では常に猜

疑の目で見られていたから、幕府を不安にさせるような論に関わりたくなかったのであろう。

だが、慶応二年九月二十五日に、十四代将軍家茂が死んだ後に、慶喜は二度大政返上を考えたという（『徳川慶喜公伝』）。

「公が、我が手によりて幕府を葬り、政権を朝廷に返し奉らばやと思されけるは、一朝一夕にあらず。既に宗家相続の際（慶応二年十月）にも、将軍職御請けの際（慶応二年十二月）にも、これを断行せんとの志ましまし」

だが、結局慶喜は二度とも踏み切らなかった。その理由は、

「公家や諸大名に日本の国難を背負う政治的力量はなく、といって諸藩士がそれを担うにはまだ事情が許さなかったから」

だという。

慶喜は、貴族特有の得手勝手な性格だが、将軍という当時の日本政府のトップとして、日本国のことを考えていたことは疑いなく、大久保忠寛や松平春嶽の主張する正論だけで、政権を投げ出すわけにはいかないという、信念があったのであろう。

だが、長州藩だけではなく薩摩藩も露骨に幕府に反意を剥き出しにして来た慶応三年の段階では、すべてにおいて余裕が失くなっていた。長州一藩の征伐も果たせなかったのに、もし薩長が連合して敵対した時、どうなるのか。負けるとは思わなかったろうが、泥沼の国内戦になる可能性は十分

あり、諸外国の手前それは避けたい。

春嶽の執拗な大政返上の勧めに応じなかったのは、いくら邪険に扱っても、御三卿出身（田安家）で譜代大名の福井藩の春嶽が、幕府に背くはずはないという甘えがあった。だが、外様大名の山内家がこれを言い出すと、慶喜も無視できない。容堂その人は親幕派であり、薩摩に対する反感から大政返上を勧めたことを慶喜は知っている。だが、この土佐提案を蹴れば、さすがの容堂も慶喜に見切りをつけて、土佐藩も薩長に走る危険性がある。逆に容堂の提案を受ければ、土佐藩は幕府方の有力な駒として計算できる。

考えてみれば、たとえ将軍の地位をおりて一大名になっても、徳川家は天下の大名のなかで、格段の領地と家臣団を抱えている。この背景と、慶喜個人の頭脳をもってすれば、新政権の首班はやはり徳川家が担うことになる。これまで批判の対象となっていた、厄介な政治責任を朝廷が抱えてくれるというのだから、むしろ願ったりかなったりではないか。慶喜の思案は、そういうものであったろう。

ただしこれは、慶喜個人に通用する論理であり、幕臣にとっては既得権益を奪われる驚愕の決断だったのだが、貴族である慶喜は、他者に対する配慮が常に鈍感だった。一橋時代の彼とはちがい、将軍となった慶喜の決断はだれも止められない。思い立つと我慢のできない慶喜は、板倉・永井を通して土佐藩に、「早く建白書を出すよう」求めたのであろう。

挫折しかかっていた土佐藩建白は、慶喜の能動的な働きかけに背中を押される形で提出される。龍馬や木戸・佐々木三四郎は、大政返上策を「砲撃芝居」の一幕目といった（↓24）が、慶喜からすれば、「慶喜劇場」の一幕目だったともいえる。

ただし、このことは、龍馬の価値を損なうものではない。たとえ「大政返上論」は、だれでも思いつく凡説にすぎなかったとしても、山内家の提出が慶喜の心を動かしたことはまちがいないからである。

○西郷、福岡藤次を威嚇（慶応三年九月二十三日）

九月二十三日。老中板倉勝静訪問前に、福岡藤次は建白書を提出することを報せるため、西郷を訪問した。後藤たちは、この期におよんでもまだ、薩摩藩の意向を気にしていた。容堂の使命は果たせる見込みはついたが、これで土佐藩は幕府擁護派に属する形になり、薩摩とは政敵関係となる。だが正面から薩摩藩と敵対する覚悟もつかず、

「とりあえず連絡だけはしておいた方がいいだろう」

という意図である。

だが、そういうなまぬるい土佐藩の態度に、西郷は平素の謙虚な態度を捨て、他藩人に対してめったに見せない「怖い西郷」に変身し、福岡を震えあがらせる。西郷は、福岡が持参した建白書を見

ることもなく、

「この建白書をお差し出しになられれば、幕府より先に手を出す勢いになります。そうなれば、弊藩の軍略に狂いが生じることになります」

と、露骨に自藩の都合を主張した。幕府が大政返上に踏み切るならば、挙兵の名分が失われ、薩摩の出兵は空転してしまう。何としても阻止せねばならない、という立場に西郷はある。本音は、

「武力行使の邪魔になるから、建白を中止しろ」

と言いたいのだが、すでに、

「おたがいの道を進み、干渉しない」

と合意した以上、いまさら提出するなとは言えない。言わないが、

「薩摩の武力行使の決意は、変わらない」

という断固とした姿勢を、次のような表現で言った。


「弊藩は、貴藩が建白書を提出したあと（幕府がそれを受ける前に）、すぐさま挙兵したいと思います。しかし、長州に行った大久保はまだ帰京しておらず、挙兵の準備ができていないのが実状です。十月五日頃までにはなんとか仕度がととのうと思います。できれば（これまでの薩土両藩の友好関係を顧みて）それまで建白をお待ちねがいたい……

しかし、どうしても貴藩がご提出というのであれば、やむ無し。弊藩は、在京の兵（七日に大坂に着いた島津珍彦隊千余人）で立ち上がることになるでしょう」

自藩の利益を露骨に主張する西郷に抗弁するすべもない福岡は、悄然として藩邸に帰った。寺村・真辺は困惑するばかりだったが、さすがにリーダー格の後藤は奮起し、「何としても、西郷を説得する」と宣言した（『寺村左膳日記』）。

しかしこの説得は、困難を極めるであろう。西郷が、「在京の兵だけでも挙兵する」と言ったのは、すでに事態が西郷の一存で止まるはずもないことを意味している。それを後藤は、舌先三寸で薩摩の挙兵中止あるいは延期にもちこもうというのである。

このときの後藤は、武力行使を阻止するという意味で、たしかに平和革命論者になっていた。ただし、自分の私欲のために。

○高崎左太郎（慶応三年九月二十六日）

西郷は、「まだ大久保が帰京していない」と言ったが、実は同二十三日に、長州を訪問していた大久保一蔵は帰京していた。後藤は、説得の標的を西郷から大久保に変え何度も訪問し、執拗に挙兵中止を主張し続けた。しかしこの大久保という男は、目の前の相手を平然と黙殺できる神経の持ち主で、後藤といえども、大久保の前には得意の弁舌も空転し、なすすべがなかった。

「余は、従来議論においては、多くは人に譲らぬ自信があった。ただ大久保という人に向かっては、まことに議論しにくい困った人であると思うて閉口していた。大久保は、弁舌の滔々として爽やかな人ではなかったが、しかし一度大久保と議論を上下するときは、まるで巌石にでも打つかるような心地がして、実にこの人だけは議論のしにくい人であった」

という後藤の回顧（『甲東逸話』）は、主にこの時期のことであろう。

九月二十六日。苦しむ後藤たちの前に、突如救世主が登場し事態は急変する。救世主の名は、高崎左太郎（正風）という。高崎は、四年前の文久三年八月に、会津藩と提携して長州勢力を一掃した「堺町御門の変」の薩摩藩の主役であり、その後は久光側近中の側近として、隠然たる発言権を有していた。その高崎が、薩摩の「出兵反対派」の巨魁として上京して来たのである。

久光の望む武力行使路線に従った大久保は、長州藩を訪問し共同出兵の同意を取り付けたが、肝心の本国薩摩では大不評で、島津家を無理やり戦渦に引きずり込み滅ぼすつもりか、と西郷・大久保に対する批判が噴出した。久光側近で激情家の奈良原喜八郎などは、「西郷たちを刺し殺す」とまで激語した（『道島家記』）という。この藩士の拒絶反応に、藩主茂久（久光長男）は動揺し、家老島津久治（久光次男）は率先して反対派に同調。さすが剛毅果断の久光もひるんだ。

九月二十六日に後藤たちの前に現れた高崎は、その後土佐人の前に姿を現さなかったが、十月二日に、小松帯刀から後藤に、

「貴藩が建白書を提出されても、弊藩は「動揺」（挙兵）しないので、ご安心下さい」

という内容の書簡が届いた。高崎は、挙兵計画の大将である島津備後（久光三男）を説得し、中止させたのである。

後藤に「巌石」と言われた大久保も、高崎が後藤たちの前に現れた翌日に、一転して小松・西郷に相談もせず、土佐藩建白に賛成した（『大久保日記』九月二十七日）。

大久保の政治的基盤は、久光に密着することによって成り立っている。久光の寵臣である高崎が挙兵反対を唱えているということは、鹿児島の出兵反対意見が、久光でも御し難いほど強いことを示している。久光が動揺しているなら、大久保は無理をしない。とりあえず土佐藩の大政返上論を傍観することに決め、決めた以上、西郷・小松を置き去りにしても自分は久光の意志に従う忠実な家臣であるという姿勢をいち早くアピールしたかったのであろう。

24　龍馬は、どこで何をしていたのか（慶応三年七月〜八月）

○イカロス号事件（慶応三年七月六日）

後藤が、薩摩人相手に奮闘していた時期、龍馬はいったいどこで何をしていたのか。

後藤と共に上京した六月十三日から、七月末まで京都に滞在したことはわかっているが、この間、土佐藩上士佐々木三四郎、公家の岩倉具視と初めて会ったことが記録される程度で、これといった活躍はしていない。すでに、大政返上論が土佐藩の手に託された以上、龍馬は関与する立場になかったのである。

八月一日に兵庫を出港し、土佐へ向かっている。脱藩以来五年、初めて土佐に帰国することになったのは、「イカロス号事件」といわれる出来事に起因している。

さる七月六日。長崎の歓楽街丸山において、英国軍艦イカロス号の船員二人が殺害された。英国公使ハリー・パークスは、どういうわけか犯人を土佐藩傘下の海援隊士であると断定し老中板倉勝静にねじ込んだため、一気に炎上した。

七月二十八日。大目付永井尚志は、土佐藩の京都留守居役に、事件調査のため外国奉行平山図書頭がパークスを伴って高知を訪問する旨を申し渡した。

その報告のため、在京中の上士佐々木三四郎が急遽帰国することになり、龍馬もこれに同行したのである。当初龍馬は、同行する意思はなかったが、四侯会議の後まだ在京中だった松平春嶽から容堂あての書簡を託され、それを佐々木に渡すため兵庫まで赴き、船中で佐々木と話し込んでいるうちに船が出港してしまったという。

八月二日、土佐須崎港着。佐々木は容堂に謁し、龍馬の上陸を請願したが容堂は許可しなかった。容堂はこれ以前もこれ以後も、ことさらに「郷士」龍馬を無視している。その意固地な姿勢は、世評とは真逆の、嫌味で癇性な小人物だったとしか思えない。

三日に平山一行、六日にはパークス一行が、相次いで須崎に入港。七日・八日の二日間、不測の事態を避けるため、湾内に浮かべた藩船夕顔（龍馬が、船中八策を考案したといわれる船）内で談判が行われた。土佐藩代表を務めたのは、後藤象二郎である。

調査団一行は、このあと事件の現地長崎に向かうことになっていたが、九日、パークスは、突然下僚のアーネスト・サトウに後事を託し、江戸へ帰ってしまった。理由はわからない。

十二日。サトウ一行は現地調査のため、夕顔で長崎に向かった。佐々木に伴われて龍馬もまたこの船に潜んでいたが、サトウはそのことを知らない。

十五日、長崎着。ここに、長州藩の木戸準一郎（桂小五郎・木戸貫治改め）が龍馬を待っていた。

七月十七日に、西郷の代理として長州を訪れた村田新八（↑22）から、後藤が薩摩方に提出した『約定書』七か条の写しを渡された木戸は、この『約定書』を丹念に読み全文を筆写している（現在、京都大学図書館所蔵）。

木戸は、『約定書』の内容そのものについては何ら異存がなかったが、これを幕府に建白することについては、無意味と思っていた。木戸は、現体制を解体して新体制を建設するしか諸外国から日本を護り維持する道はないと信じている。

木戸が、龍馬に土佐藩への回帰を勧めたのは、武市半平太を処刑し親幕派に路線変更した土佐藩を、ふたたび反幕派に変えることを期待したからである（↑14）。ところが、土佐藩に帰った龍馬のやったことは、幕府救済策である大政返上論を勧めるというものであり、期待はずれもいいところだった。

○長崎「玉川」会談（慶応三年八月二十日）

伊藤春輔を伴って長崎に赴いた木戸は、龍馬に会う前に、八月十五日に英国領事館を訪問して、長崎に着いたばかりのサトウに面会を求めている。サトウと伊藤は、旧知の間柄だが、木戸はこれが初対面だった。二日後の十七日にも、眼鏡橋の川上にある料亭「玉川」で、再度サトウと終日会談している。

二十日。同じ玉川で木戸は龍馬と会談した。このとき龍馬は、佐々木三四郎と連れ立って来た。

紹介したがり屋の龍馬は、木戸に自分の新しい知己を会わせたかったのだろう。

木戸は、先日のサトウとの二度にわたる会談で次のように言われた、と語り出した。サトウは、

「近々諸侯方が御上京されて、ご建言されるよう聞いていますが、それはまず成功しないと思います。西洋では、公論（正論）と言い立てて、結局それをやり切ることなく放ってしまうことを老婆の理屈といいます。いまの日本の建言というものも、それに近い気味があるようですね」

と皮肉を言ったという。木戸は、この言葉にショックを受け、

「覚えず長歎息。外国一通弁官をしてこの語を吐かしめるは、列侯は申すに及ばず、神州男児の大恥辱と老屈生までも甚だ憾慨悲痛罷りおり候」

と嘆いた。だが、これは半分木戸の創作の疑いがある。

この時期長崎市中では、

「薩摩・土佐・芸州・備前・阿波の五藩が、幕府へ将軍辞職の建言をする」

というウワサがあったことは事実（『サトウ日記』）だが、サトウはその五藩の建言について「老婆の理屈」と評したわけではない。「長州藩は、どうするのか」ということがサトウは知りたく、木戸に問い質したのである。イギリスは、幕府の顧問格になっているフランスへの対抗心から反幕派の薩長を応援してやろうと思っていた。だが、木戸は本音をもらさず、「長州藩は幕府に敵対するつもりはない」とシラを切り通した。サトウは興醒めし、長州藩の態度を「老婆の理屈」という言

葉で皮肉ったのが本当のところらしい。

木戸が龍馬に言いたかった本音は、

「四侯会議でなすすべもなかった容堂公が、性懲りもなく大政返上論を提出しても、幕府に相手にされずウヤムヤに終わってしまうのではないか。正論を正論として通す手段は、いまや言論ではなく、武力によるしかないのではないか」

というものである。しかし、場には土佐藩上士の佐々木もいて、露骨には発言しづらい。ためにこの自説を、サトウの意見を藉りて語ったのだ。

だが龍馬は、木戸の疑念を払拭する「大論」を説明した。龍馬は、大政返上工作は、「芝居なのだ」といった。龍馬によれば、土佐藩の仕掛けは二段になっている。

「後藤の役割は、まず世間が納得できる大公論を示すことにある。しかる後に、土佐藩は武力討幕論者である乾退助を舞台に登場させるつもりである」

と龍馬は言った。つまり、六月二十二日の薩土盟約時に、後藤が薩摩人に言った「塩に手切れ」発言（↑22）と同じである。

龍馬発言によると、その発言主の後藤も、実は討幕芝居の一幕目「大政返上」を演じる前座にすぎず、座元は西郷吉之助、頭取は乾退助だという。これによると、龍馬の本音は「武力倒幕」ということになる。

木戸は、龍馬の「本音」を知って、

「大政返上のこともむつかしかろうが、これも七八歩まで運べば、その時の模様で十段目は砲撃芝居をやるよりほかになかろう」

と喜んだ。

同席していた佐々木三四郎は、木戸と龍馬の会話に満足した。実は「芝居」という表現は、もともと佐々木が言い出したものだったからである。

六月二十三日に京都で、初めて二人は会談の機会をもったが、そのとき佐々木が、

「いかになろうとも、騎虎の勢でやるところまでやらなければならぬ場合になっておるから、何とか十分芝居ができようと思う」

と言うと、龍馬は、

「何とか芝居ができるとは名言である。何でもよいから、ひと芝居興行すれば、それより事が始まるであろう」

と喜んだという。龍馬に「名言」とおだてられた佐々木は、

「この芝居の語は、自分等同志の間でさかんに用いられた」

と自慢している（『佐々木老侯昔日談』）。

木戸は、龍馬の本音（？）を聞いて得心したふりはしたが、容堂の機嫌ひとつでどう変わるかわ

からない土佐藩に、

「とかく初めは脱兎の如く、終処女の如く相成り、浩歎の至にござ候。なにとぞこの度は終始脱兎と申すところをひたすら神州の御ため祈願奉り候」

と辛口の忠告をしている。ちなみにこの言葉は、元来高杉晋作が長州藩内で自戒の言葉として使ったものである（慶応二年二月二十二日付・高杉↓木戸書翰）。

しかしさすがに木戸は、慧眼であった。討幕芝居の前座の後藤は、このときすでに容堂流「大政返上」論に飲み込まれ、芝居の離脱を余儀なくされていたのだから。

八月十五日に長崎に到着した龍馬は、イカロス号事件の審理に参加することになり、九月十八日まで一か月以上長崎に滞在することになる。

龍馬は、この濡れ衣の事件（真犯人は福岡藩士）に立腹していたから終始不機嫌で、途中大声で嘲笑するなど場を荒らし、サトウから嗜められると、「悪魔のような表情」(most diabolical faces)で黙り込んだ。幕末著名人と数多く会見し、後世に貴重な談話を遺したサトウだが、そのなかで龍馬は、もっとも印象悪く記録されることになってしまった。

この間、龍馬は長州に帰国した木戸から手紙（九月四日付）を受け取っている。木戸は、討幕を「芝居」に見立てるという発想がよほど気に入ったらしく、この書簡全文を芝居に見立てて記している。その中で木戸は、武力討幕派の乾退助を異常に重視し、乾に対する期待を羅列している。だが、木戸は一面識もない人物に期待するような楽観的な性格ではない。その真意は、乾の名をかりて龍馬に、

「土佐藩は、大政返上建白など止めて、武力行使派に加わるべきだ」

と促していることはいうまでもない。

25 龍馬の二転三転（慶応三年九月〜十月）

○龍馬、大政返上策を放棄する（慶応三年九月二十日）

龍馬は、後藤に大政返上論を教えたが、その後はこの問題について何も関与していない。大政返上論がすでに土佐藩の課題になった以上、郷士龍馬の出る幕はなかった。だが、龍馬以外に土佐藩に伝手のない木戸は、ひとえに龍馬を土佐の代表のごとく迫るのである。

ここまで木戸に期待されれば、龍馬も発奮せざるをえない。土佐藩を、薩長の武力行使路線に無理やりにでも引き込む決意をし、出島に出店しているプロイセンのハルトマン商会から、ミニェー銃千三百挺（一挺十四ドル半、計一万八八七五両）を購入した。これだけ巨額の買い物ができたのは、いうまでもなく上士佐々木三四郎の後ろ盾あってのことである。

龍馬は、この銃の運搬に芸州広島藩の汽船「震天丸」を借用し、九月十八日に長崎を出港し土佐に向かうのだが、芸州藩に船を借用したことも龍馬の作戦だという説がある。

この時期芸州藩は、薩長に同調して協同出兵を約束していたが、直前に挙兵延期を求めている。龍馬はそんな芸州藩に土佐藩の武力行使の意思を見せつける意図で、あえて芸州藩に武器の輸送を依頼したというのである。

だが、芸州藩が挙兵延期の使者植田乙次郎を山口に派遣したのは、九月二十六日のことである。九月十八日に長崎にいた龍馬が、芸州藩の動揺を知るはずがない。

九月二十日、下関に寄港。木戸には会えなかったが、伊藤俊輔と連絡が取れ、稲荷町の大坂屋で会談することができた。

伊藤は、薩摩人の大久保一蔵が山口に来て、木戸などと協議し、薩長が京都に兵力を投入し「一挙奪玉」クーデター（挙兵して「玉」――天皇を獲る）を行うことを決議したことを龍馬に打ち明けた。伊藤は、この決議にもとづいて兵士輸送船購入のため長崎に赴く途中、下関に来ていたのである。

伊藤は、龍馬ファンの木戸とはちがい、龍馬の実体を冷静に見ていた。土佐藩が、一脱藩浪人の龍馬のいいなりになるとはとても思えなかった。伊藤は、龍馬が銃を土佐に輸送していることを聞くと、

「その銃が土佐で役に立たないとき（土佐藩が挙兵の意思のないとき）は、長州が買取ってもいい」と言った。龍馬が、購入した銃の代金に苦しむことを心配して、真に親切心から言ったものかもしれない。

だが、龍馬は、伊藤発言を土佐藩に対する挑発と受け取り、このとき自らが提案した大政返上策

を放棄した。

「これより土佐に帰り、武力討幕派の乾退助を引っぱり出し、大政返上派の後藤象二郎は、京都から追い出す」

と、芝居の主役変更を伊藤に宣言した。はたして龍馬が、土佐藩の人事や路線を変更するような力を持っているか、伊藤は疑問であったろうが、龍馬はそう言い切り、木戸への手紙にもそう書き、薩長の武力行使路線の仲間入りを誓った。

○龍馬再変（慶応三年十月）

九月二十二日に下関を出港した龍馬は、翌二十三日高知浦戸港に入港。城下に潜入して（この辺りが、龍馬が土佐藩士であり海援隊が土佐藩公認だったのか疑問がある所以）参政の渡辺弥久馬・本山只一郎に密書を送り、薩長が連携して武力上京しようとしている様を伝え、急ぎ面会を求めた。

渡辺・本山はこれを一大事と認識し、龍馬と数度の会談を行い、龍馬が独断で購入した小銃を買取ることになった。このとき効果があったのが、「乾退助待望論」の九月四日付の木戸の手紙である。本山は、この木戸書簡を同僚に回覧したため、一気に薩長路線に同調する空気ができあがった。

龍馬は、渡辺・本山から「大義料」として五十両を贈られ、晴れて堂々と脱藩以後はじめて実家に戻り、家族と再会した。このときが、龍馬の得意の絶頂だったと思うが、同時に土佐藩にとって、龍馬の価値は「五十両」程度であったということは、切なくもある。

十月一日。龍馬は、浦戸港から大坂に向かったが、悪天候のためいったん引き返し、ようやく六日に兵庫港に着いた。兵庫から陸路を取り、京都に入ったのは九日である。

龍馬は、後藤象二郎を舞台袖に追放するために上京したのだが、龍馬が入京したとき、土佐藩の大政返上運動はすでに終了していた。薩摩の抵抗に苦しめられた後藤だが、十月三日に、建白書を老中板倉勝静に提出していたのである。十一日には、在京各藩に、明後日の二条城登城命令が出され、十二日には永井尚志から後藤に建白採用の内示が伝えられた。

この状況を知った龍馬は、木戸・伊藤へ宣言したことを忘れたかのように再度豹変し、大政返上の実現に熱中するのである。十三日に、二条城登城前の後藤に送った激励の手紙は有名である。その内容は、

「建白の儀、万一行なわれざれば、もとより必死の御覚悟ゆえ、御下城これ無きときは、海援隊一手をもって、大樹（将軍）参内の道路に待ち受け、不（倶）戴天の讐を報じ、事の成否に論なく、先生に地下に御面会仕り候……

万一、先生（後藤）一身失策のため天下の大機会を失せば、その罪天地に容れるべからず。

はたして然らば、小弟また薩長の督責を免れず。豈に徒に天地の間に立つべけんや」

という激しいものであった。要するに、

「何が何でも、土佐藩が建白した大政返上を成功させろ。成功しなければ下城するな」

と脅しているのである。これに対して後藤は、

「もちろん生還するの心ござ無く候……多分死をもって延論するの心事」

と返事を書いているから、緊迫感ただよう両者のやり取りのようにとらえられている。

だが、ほぼまちがいなく、将軍が大政返上するであろう舞台が整えられたこの時点で、両者の書簡の文面を大真面目に捉えることに、私は抵抗感がある。龍馬の文面はほとんど脅迫に近く、恩人後藤に対して無礼にすぎる。このやり取りは、冗談好きの両者の戯言と解釈するのが妥当ではないか。

だがこの手紙は、龍馬崇拝者である土佐系著者にとっては、格好の材料であったらしく、『坂本龍馬関係文書』では、原文のあて先、「後藤先生」を「後藤君」と改変している。「先生」を「君」と読めるはずもなく、これは読み間違いや誤植という単純ミスではなく、明らかに意図的な史料の改竄である。

○慶喜のために一命を捨てる？（慶応三年十月）

十月十三日。二条城では、予定通り大政奉還の宣言が行われた。下城した後藤はすぐ龍馬にあてて、そのことを報せる内容の書簡を送った。

後藤の手紙を読み終わった龍馬は、不思議な発言をした。傍らにいた中島作太郎に、

「将軍家、今日のご心中、さこそと察し奉る。よくも断じたまえるものかな。余は、誓ってこの公のために一命を捨てん」

と言ったというのである。

この逸話の初見は、坂崎紫瀾の『鯨海酔侯』（明治三十五）である。土佐好き龍馬好きの坂崎の信憑性定かでないこの逸話が、信憑性をもって後世に伝えられているのは、浩瀚精緻な伝記として定評のある『徳川慶喜公伝』が、この逸話を採用したからであろう。

だが、『徳川慶喜公伝』の編纂趣旨が、慶喜の「維新当時の冤名を雪ぐこと」にあったことを考えなくてはならない。

「慶喜公は、朝廷に逆らうつもりはなかった。なぜなら大政返上によって政権の禅譲を実行したではないか。その後戦争になってしまったのは慶喜公その人の責任ではない」

と主張したい『徳川慶喜公伝』にとって、龍馬発言は、「大政返上＝平和革命論」の格好な事例として収録されたのであろう。この慶喜顕彰の都合によって、以後龍馬は、「無血革命論者」の仲間

入りをさせられてしまったように思う。平成の現代も、意外に『徳川慶喜公伝』の解釈が通用している理由は、「平和」を至上の価値とする現在の日本社会に受入れられやすいからであろう。

私は、龍馬発言が事実であったとしても、慶喜個人の資質を賞賛して言ったものではないと思う。大政返上論の放棄を揚言して上京して来たのに、後藤の応援にまわる。将軍襲撃まで筆にして、「慶喜公のために一身を捨てる」と発言する。龍馬の手のひら返しの行動は不可解である。だがある視点から見れば、この時期の龍馬の不可解な行動が整合的に説明できる。

それは、「土佐藩の利益を中心に考えていた」というものである。龍馬は脱藩した時点では、土佐藩を嫌っていた。だが、海援隊隊長という地位を与えられ、土佐藩に組み込まれた以後の龍馬は、どっぷり土佐藩につかっている。姉乙女への手紙には、

「私一人にて五百人や七百人の人を引て、天下のためするより、二十四万石を引て天下国家の御ため致すが甚だよろしく」(六月二十四日付)

などと書いている。例によって、身内相手の大ボラだが、龍馬が「土佐藩士」という意識に目覚めたことはうかがえる。

土佐藩に属した龍馬は、彼が文久三年以来四年間変わらず良案と思っている大政返上論を、「土佐藩の手によって」実現してほしかった。九月には、木戸に煽られ土佐藩が薩長に置き去りにされることを憂いて、薩長に随従するため武器の準備もしたが、上京してみると意外にもほとんど大政

返上が実現しかかっている。

こうなると、「土佐藩士」龍馬は「土佐藩」の名誉のため、この路線に執着したくなる。「土佐藩」の建白が受理されないことは「土佐藩」の恥であり、その恥を雪ぐため徳川慶喜を討ち果たすといい、慶喜が受理したことを知ると一転賛美するのも、「土佐藩」のため――とすべて「土佐藩」を軸に考えると、矛盾はない。

つまり龍馬発言は、あくまで「土佐藩建白を受入れた」慶喜の行為を賞賛したものであり、徳川慶喜その人のために一身を捨てるという意味ではなかったのである。

26　龍馬と薩摩藩

○龍馬の「不戦論」（慶応三年十一月）

龍馬は「平和主義者」ではないが、上京後の龍馬はたしかに不戦論を語っている。十一月二日。福井藩士三岡八郎と会談した際の会話（『由利公正覚書』）。

> （三岡）「あらかじめ、これ（戦争）に備うるものなくんばあるべからず」
> （龍馬）「不戦なり」
> （三岡）「戦い我よりなさざるはすでに解せり。もし彼、戦を起こさばこれに応ずるの策いずれにあるや」
> （龍馬）「これ、もっとも至難事なり」

三岡八郎のいう「我」とは大政返上に賛成する勢力、「彼」は反対する勢力をいう。龍馬は戦争をしないというが、向こうから仕掛けてきたときはどうするのか。と三岡は問うたが、龍馬は答えられなかった。

それから十一日後の十一月十三日——暗殺される二日前だが——福岡藤次に同席して若年寄永井尚志に面会したときにも、

「決して兵力によらずして行われるべき条理あり」

と語っている。何が「行われる」のか意味不明だが、永井からこの龍馬の言葉を聞いて記録した越前藩士中根雪江は、

「龍馬の秘策は、内府公（徳川慶喜）関白職の事か」

と想像している（『丁卯日記』）。

七月、後藤象二郎が土佐に帰国した際（↑22）、容堂に大政返上論を賛成させるため、

「慶喜公には、関白になっていただく」

と発言していたという（『佐々木老侯昔日談』）が、それは龍馬の入れ知恵だったのであろう。

龍馬の「慶喜関白論」は、幕府擁護派に対して、大政返上後の慶喜の身分保障を提示する慰撫策であったと考えられ、三岡との会話でもわかるように、戦争が起きるとすれば、大政返上に反対する勢力から仕掛けると思っていた。

これは龍馬が、十一月に書いた『新政府綱領』（↑20）の末尾に、

「公議に違う者は、断然征討す。貴族も、貸借することなし」

と書いていることからもわかる。龍馬にとって、「断然征討」すべき対象は、「公議」（大政奉還後

の体制）に反対する「貴族」（公家・幕臣・御三家・大名）であり、大政返上の賛同者である薩長（と龍馬は思っていた）ではなかった。

それは行政権を幕府から朝廷に移し、独裁体制から合議体制に移行しただけでも、改革としては大成功と龍馬は満足していたからであろう。

薩摩藩は、九月の時点では、土佐藩の大政返上論に頑なに反対していた（↑23）が、薩長両藩連合の挙兵計画が頓挫した十月以降は、一転して朝廷に慶喜の建白を速やかに受けるよう積極的な運動までしている。十月六日に上京した龍馬は、そういう薩摩藩しか見ておらず、「薩摩藩も大政返上に満足している」と思ったとしても無理はない。

龍馬が、薩摩方から戦争を仕掛けることをまったく想像しなかったことは、後世から見れば一見不思議に思えるが、当時としては実は常識的だった。四百万石の幕府に、七十七万石の薩摩が武力で挑もうと考えるはずがないのだ。

○西郷・大久保が目指したもの

だが龍馬は知らなかったが、西郷・大久保は、戦争に消極的な薩摩藩士に武力行使の名分を与えるため、「討幕の密勅」なる偽勅を作成して、一度鎮火した武力行使計画を再燃させようと画策していた。公議政体を実現した最大の功労者であるはずの慶喜を排斥し、挑発することに全力を尽くし、龍馬の想像とは逆に、薩摩から戦争に持ち込むのである。

私は、大久保・西郷はすでにこの時点で、廃幕のみならず「廃藩」を考えていたからだと思う。彼らが、日本の国体として「公議政体」を求め模索してきた期間と情熱は、龍馬の比ではない。その彼らが慶喜の大政返上に満足せず、あえて危険な武力行使にこだわったのには、大政返上を公議政体の実現と思っていなかったからである。彼らにとって、公議を組織する人員こそが問題であった。

五月の四侯会議が、結局は慶喜の一人舞台に終始した（↑21）ことで、西郷・大久保は、慶喜の個人的能力を脅威とし、「武力討幕」を決心したというのが古典的解釈である。慶喜と直接対決した久光にとっては、確かにそうだったかもしれないが、西郷・大久保は、「大名」に見切りをつけたのではないだろうか。つまり、殿様を担いでいくことの限界を感じたということである。

久光では、将軍慶喜に勝てないことがはっきりわかった。では、慶喜を「将軍」からひきずりおろせばどうか。それでも勝てそうもない。なぜなら徳川四百万石と島津七十七万石という背景が、当然発言の重みに比例してくるからである。

大政が返上され、将軍職が廃止され、公議政体が実現しようとも、その公議の組織者が大名では、基本的には何も変わらないのである。変わらないことがわかっていたから、保守的な容堂が認め、慶喜も受入れたといえる。

結局、大名という妖怪のような存在を消滅させて、まったく新しい価値観の社会を創造しないかぎり、諸外国の脅威に堪え得る国家を作ることはできないというところに西郷・大久保は（長州の木戸も）行き着いていたと思う。つまりは「廃藩」である。

ましてや、慶喜はただ面倒な政治責任を朝廷に押し付けただけで、「将軍職」という特権は捨てていない。慶喜が将軍職辞職を提出したのは、十月二十四日である（政権運営に自信のない朝廷は、二十六日に辞表を却下している。西郷と大久保は、躍起になって十二月九日、ようやく将軍職辞職を認めさせた）。

自藩の薩摩藩をも消滅させてしまうことを胸に秘めていた西郷・大久保が、旧体制の象徴である徳川慶喜を新政権に参加させるはずがない。特に西郷などは、前政権担当者が何事もなかったように、新政権に参加するような、なしくずし的国家なら滅亡した方がよい、とまで考えていたようである。

もっとも、そういう政治的信念以外にもっと単純な理由もあった。財政の問題である。新政府と美々しく称しても、それを運用していく財源がない。結局は、大名家が所有する領地を、すべて国家に返納させる「廃藩」にいきつくしかないのである。

○龍馬にビジョンはなかった？

では、坂本龍馬はどうか。おそらく廃藩どころか、土佐藩士のなかでだれよりも「土佐藩のために働こう」という意識が強かったのではないか。

創造性の乏しい龍馬は、大久保一翁に示唆された大政返上の実現がゴールであり、実はその後のビジョンはまったく持っていなかった。

十一月二日に、福井で三岡八郎に、

「（朝廷は）政権をお取りになったのはよろしいが、これから先の天下の御政道のところがいかが致される思し召しであろう」

と聞かれた龍馬は、

「それについては我々も誠に苦心するところであるが、これから先はという深い考えはない」

と正直に答えている（『史談会速記録』九輯）。

龍馬は、十月九日に入京後薩摩人に会っていない（会ったというのは、千頭清臣の伝記のみ↑17）のだから、ここでいう「我々」とは、土佐藩のことである。

大久保・西郷・小松の薩摩の三巨頭は、兵力投入を促すため、十月十八日に大坂を出港して長州経由で鹿児島へ向かっている。龍馬はこの薩摩の戦争準備をまったく把握しておらず、京都に「同志」である西郷・小松がいなくなってしまったため、これからどうしたものかわからず、知恵者の三岡に相談するため福井に赴いたというわけである。

また、この時期龍馬は、廃藩どころか将軍職をそのまま残してもいいという意見も述べている。

大政返上直前に書いた（と推定される）いわゆる「銀座移転論」である。

「幕中に人情に行われざるもの一か条これあり候。その儀は、江戸の銀座を京師にうつし候事なり。この一か条さえおこなわれ候えば、かえりて将軍職はそのままにても、名ありて実なければ恐るるにたらずと存じ奉り候」（十月某日、後藤あて）

貨幣の鋳造権を幕府から奪ってしまえば、将軍職はそのままでもいいというのである。しかし、通貨は発行元の信用によって成り立つという点をまったく無視している点で空論にすぎない。だが、龍馬自身はよほど名案と思い、同内容のことを尾崎三郎にも語っている（『史談会速記録七九輯』）ところを見ると、その政治的・経済的センスに疑いを持たざるを得ない。もっとも、この政治家でない点が愛嬌で、後世の大衆人気につながっているともいえる。

ただ、興味深いのは、龍馬暗殺の半年後の明治元年六月に、当時もっとも急進的改革派だった兵庫県知事伊藤博文と、旧海援隊士だった陸奥宗光（摂津県知事）・中島信行（兵庫県判事）が、朝廷に廃藩の建白書を提出していることである。

龍馬は、自分で何か新しいことを思いつくということはないが、智者からヒントを貰うとにわかに耀く。恒星ではなく惑星といえるだろう。生きていれば、智者の伊藤に同調して、もっとも早い時期に廃藩の主唱者になった可能性はあったと思う。

◎第三章――結論

「大政奉還（返上）」という歴史的事件における龍馬の立場は、土佐藩に回帰するきっかけを作ってくれた恩人後藤象二郎に「大政奉還」論を伝授したことがすべてである。その後の展開は、龍馬とはほとんど無関係に展開した。

大政奉還の実現は、後藤が個人的事情のために、一世一代の活躍をしたことによるもので、それも徳川慶喜がすでに決意していたからこそ成功した。

山内容堂は、大政奉還を「徳川家救済策」と捉え、後藤もそれに従ったため、龍馬も「平和革命論者」と誤解された。龍馬が慶喜のために「一身を捨てる」と発言したことと、慶喜関白論が誤解の拍車をかけた。

龍馬の「不戦論」は、大政奉還に不満な勢力に戦争を起こさせない仕掛けをするというもので、薩長から仕掛けるということは想像外だった。だが龍馬の死後、龍馬の想像を超えて、薩摩方から戦争を仕掛けた結果から、龍馬の「不戦論」は、薩摩に対するものと誤解され、これが「龍馬暗殺薩摩黒幕説」という奇説をうむ。

では龍馬が生きていれば、土佐藩はどう動いたであろうか。龍馬を過大評価するファンは、龍馬の存在が戦争の抑止力になっていたかのように捉えるが、現実の龍馬は土佐藩を動かす力などなく、ましてや大薩摩藩の思惑に抗えるはずもなかった。

そうとなれば、割り切って「土佐藩の利益」のため、後藤象二郎の参謀として、革命の果実を薩長に独占させないために、その分け前を積極的に採りにいったのではないだろうか。

明治後、上士の後藤象二郎と乾退助が土佐藩の代表格のようになったが、もともと郷士から反感を持たれていたうえ、正直者の乾、私欲の強い後藤では土佐人をまとめることすらできず、薩長閥になすすべなく、結局、国政から脱落する。

そして反体制に徹するならまだしも、しばしば利用される形で政府に入閣しているのだから、政治家としてはまったく評価されていない。木戸と仲がよかった龍馬がいれば、ああも簡単に土佐系が国政から脱落することはなかったろう。

◎おわりに——龍馬は「偉大なる凡人」

以上、坂本龍馬が、幕末最大の英雄と評価される理由である「薩長司盟」「大政奉還」「海援隊」について考察したが、これらの事柄についての龍馬の活躍は、ほとんどフィクションといえそうである。

ある龍馬ファンは、龍馬の人気について、

「天下国家を見据えた大局観に立っての行動力、決断力、気概、そして何ものにもとらわれない先見力とベンチャー精神」

と分析しているが、そういう評価は、薩摩・長州という大藩を背負った西郷・大久保・木戸などにはふさわしいと思うが、龍馬に対するものとしてはどうかと思う。

これは、龍馬の能力を低く見ているのではない。同じ意見でも藩士と浪人では、周囲に対する発言の重み、影響力がまったくちがう。一浪人の龍馬は、無責任な立場なのだから、何をいっても所詮ひとりごとであり、評価の仕様がないというほかない。

また、本人が真の目指したと思われる商人—経済—のセンスに関しても、残念ながら評価するほどの材料がない。亀山社中と海援隊の実体は、本文中で述べた。

あえていえば、商業にとって重要な要素である「運」がないというマイナス面だ。購入したばかりのワイルド・ウエイブ号、いろは丸の連続沈没が典型的な例だが、龍馬の乗船記録を見ると、やたら悪天候に遭遇していることに気づく。

龍馬を、その功績から評価しようとするからウソになる。私は、龍馬は天才でも秀才でもなく、凡人だと思う。龍馬は、書簡（特に姉乙女あて）では、自己肥大の大ボラを吹いているが、幼少の頃から凡庸だった自分をよく知っていたはずだ。有名な、

「日本を今一度せんたくいたし申し候」

という名セリフ（文久三年六月二十九日付・乙女あて）も、実は、横井小楠の口癖だった（『横井小楠』徳永洋・平成一七）というのだから、龍馬の豊富なボキャブラリーを称賛するファンには気の毒な話である。

龍馬を評価するなら、その人間性を第一に語るべきである。本文中で繰り返し述べたように、龍馬は、人との出会いには恵まれていた。一介の脱藩浪士としては、その人脈は驚くほど広い。意識的に人との出会いを求めた幕末最大の周旋家中岡慎太郎といえども、さすがに幕臣にまでは顔がなかった。

龍馬の面白さは、中岡のような明確な目的（討幕）を持たず、自らの興味の赴くままに生きた結果、

知遇を得た人物群が、後世からみれば歴史的巨人ばかりだったことである。

彼は、天才性も独創性もなかったが、勝海舟・大久保忠寛・木戸孝允・三岡八郎など、遭遇した賢人・智者の卓説を素直に認め、実現させるバイプレーヤーとしての能力は稀有なものがあった。「薩長同盟」「大政奉還」という歴史的事件に関与したのは、多分に偶然の要素もあるが、同時に龍馬なくしては果たし得なかったというのも、また真実である。

坂本龍馬は、幕末スーパースターとしてではなく、自らが置かれた境遇の中で、最大限の働きをした「偉大なる凡人」として愛されるべきであり、余計な修飾を施す必要はないのである。

●著者紹介

山本栄一郎（やまもと・えいいちろう）

幕末維新史研究家
1962年山口県防府市生まれ
1980年山口県立防府高校卒業
1984年神戸学院大学経済学部経済学科卒業
「山口歴史研究会」「防府歴史と考古学の会」会員

趣味はクイズ。テレビ番組「Mr ロンリー」「アタック25」等、出場6回。優勝2回。

実伝《じつでん》・坂本龍馬《さかもとりょうま》 ——結局《けっきょく》、龍馬《りょうま》は何《なに》をしたのか

2010年3月10日

著　者　山本栄一郎《やまもとえいいちろう》
発行者　比留川　洋
発行所　株式会社　本の泉社
〒113-0033　東京都文京区本郷2-25-6
TEL.03-5800-8494　FAX.03-5800-5353
http//www.honnoizumi.co.jp/
印　刷　株式会社　エーヴィスシステムズ
製　本　株式会社　難波製本

ISBN978-4-7807-0241-5